Rechtssichere Werbung

Dr. Christian Rauda

Inhalt

Was ist in der Werbung verboten? 5
- Verbotene Praktiken im Überblick 6
- Unlautere Handlungen gegenüber Verbrauchern 7
- Herabsetzung und Verunglimpfung von Wettbewerbern 15
- Produktnachahmungen 16
- Gezielte Behinderung von Konkurrenten 18
- Verstoß gegen sonstige Vorschriften 19
- Irreführende und vergleichende Werbung 22
- Unzumutbare Belästigungen durch Werbemaßnahmen 29

Was ist neu im Wettbewerbsrecht? 43
- Die Änderungen im Überblick 44
- Auf jeden Fall verboten: Was die Schwarze Liste beinhaltet 47

So nutzen Sie fremde Inhalte in der Werbung — 71
- Was sind Urheberrechte? — 72
- Texte — 72
- Fotografien — 78
- Musik — 86
- Filme und Videos — 87
- Nutzungsverträge schließen — 88
- Markennamen und -kennzeichen — 89
- Geographische Herkunftsangaben — 92
- Domains — 94

Wie Sie sich wehren können — 101
- Der Markt kontrolliert sich selbst — 102
- Gegen Wettbewerbsverstöße vorgehen? — 103
- Vorbeugen und auf Angriffe anderer reagieren — 111

- Anhang: Die Schwarze Liste im Wortlaut — 116

- Stichwortverzeichnis — 122

Geleitwort

Die beste Werbekampagne nützt nichts, wenn sie kurz nach ihrem Start von einem Gericht verboten wird, weil sie gegen Wettbewerbsrecht verstößt. Verletzungen von Urheber-, Persönlichkeits- oder Markenrechten können für das werbende Unternehmen zudem erhebliche Schadensersatzforderungen nach sich ziehen.

Wie weit dürfen Sie bei vergleichender Werbung gehen? Dürfen Sie fremde Marken für Google Adwords-Anzeigen verwenden? Welche Preisnachlässe sind möglich, ohne dass der Preiskampf unlauter wird? Das sind nur einige der Fragen, mit denen sich Marketingverantwortliche in Unternehmen tagtäglich auseinandersetzen müssen. Das ist leichter gesagt als getan, denn das Wettbewerbsrecht ist ständig im Fluss. Und Gesetzestexte sind für Nichtjuristen oft nur schwer auf den ersten Blick verständlich.

Der TaschenGuide bietet schnelle Hilfe: Der Experte für Wettbewerbsrecht, Dr. Christian Rauda, erklärt anschaulich und leicht lesbar, worauf Sie achten müssen, um die Fallen im aktuellen Wettbewerbsrecht zu vermeiden und Ihrem Unternehmen Zeit und Geld zu sparen. Praxisbeispiele und Checklisten machen den Band zu einem Nachschlagewerk für den Marketingalltag.

Eine anregende Lektüre wünscht

Christoph Pause
Chefredakteur acquisa

Was ist in der Werbung verboten?

Werbung stößt dort an die Grenzen des Erlaubten, wo sie anderen schadet. Um kostspielige Gerichtsverfahren zu vermeiden, sollten Sie sich als Werbetreibender genau darüber informieren, was erlaubt und was verboten ist.

Sie erfahren im folgenden Kapitel,

- was bei Werbung gegenüber Verbrauchern unzulässig ist (ab S. 7),
- welche Handlungen gegenüber Ihren Mitbewerbern verboten sind (ab S. 15),
- wann Werbung irreführend ist (ab S. 22) und
- wann Werbung vom Gesetz als unzumutbare Belästigung eingestuft wird (ab S. 29).

Verbotene Praktiken im Überblick

Das Wettbewerbsrecht, in Deutschland im Gesetz gegen den unlauteren Wettbewerb (UWG) geregelt, muss von allen Unternehmen im Rahmen ihres Geschäftsbetriebes beachtet werden. Es soll sicherstellen, dass sich Unternehmen nicht durch irreführende Werbung oder unlautere Geschäftspraktiken Wettbewerbsvorteile verschaffen. Man kann die nach dem Wettbewerbsrecht verbotenen Praktiken in fünf verschiedene Bereiche einteilen:

Im UWG vorgesehene Verbote

Unlautere Handlungen gegenüber Verbrauchern

Ein Verbraucher ist eine Person, die im Geschäftsverkehr handelt, deren Handlungen aber weder ihrer gewerblichen noch ihrer handwerklichen oder beruflichen Tätigkeit zuzurechnen sind. Diese Definition ist im Wettbewerbsrecht sinngemäß anzuwenden, auch wenn die Werbemaßnahmen dem geschäftlichen Handeln vorgelagert sind. Unlautere Handlungen gegenüber Verbrauchern sind z. B.:

Unlautere Handlungen gegenüber Verbrauchern

Aufbauen von Druck

Nach § 4 Nr. 1 UWG ist das Aufbauen von Druck, um den Verbraucher zum Kauf zu bewegen, verboten. Das UWG hat den Leistungswettbewerb zum Ziel, daher sollen sachfremde Erwägungen beim Kauf keine Rolle spielen. Wird ein Verbraucher unter Druck gesetzt, kann es passieren, dass ein Produkt nicht wegen seiner Qualität oder seines Preises gekauft wird, sondern um dem vom Verkäufer zuvor aufgebauten Druck zu entgehen.

Beispiele: Unzulässiger Druck

Kaffeefahrt
Aussage auf einer Kaffeefahrt, kaufunwillige Mitfahrer würden die Reise auf Kosten derjenigen unternehmen, die durch Käufe zur Deckung der Unkosten beitragen.

Unternehmensinterner Druck
Empfehlung eines Unternehmens an seine Mitarbeiter, in eine andere Betriebskrankenkasse zu wechseln; bei Nichtbefolgen des Rates müssen die Mitarbeiter Nachteile im Unternehmen befürchten.

Insgesamt geht die Rechtsprechung immer seltener davon aus, dass eine Drucksituation vorliegt, die den Verbraucher zum Kauf bewegt. Dies hängt damit zusammen, dass der Verbraucher mittlerweile reißerische Werbung gewöhnt ist und in der Regel kaum mehr Situationen entstehen, in denen gekauft wird, um sozialem Druck zu entgehen oder um den „Anstand zu wahren". Zudem setzt sich immer mehr das (europäische) Leitbild des aufgeklärten und verständigen Verbrauchers durch.

Ausnutzen der Unerfahrenheit von Kindern und Jugendlichen

Nach § 4 Nr. 2 UWG sind Maßnahmen, die die Unerfahrenheit insbesondere von Kindern und Jugendlichen ausnutzen, verboten. Kind ist, wer noch nicht 14 Jahre alt ist. Jugendlicher ist, wer noch nicht 18 Jahre alt ist. Kinder und Jugendliche sind besonders schutzwürdig, da sie noch wenig Erfahrung mit dem Abschluss von Verträgen haben und aufgrund fehlender Lebenserfahrung und Vergleichsmöglichkeit Angebote schlecht einschätzen können. Bei der Werbung für Produkte, die von Kindern genutzt werden, ist daher besondere Vorsicht geboten.

Beispiel: Ausnutzen der Unerfahrenheit

Unzulässig ist ein Fernsehspot, der das Herunterladen von bei Teenagern beliebten Klingeltönen bewirbt, ohne Angabe der Kosten für den Download. Diese Kosten können Kinder und Jugendliche nicht abschätzen und sie müssen daher klar kommuniziert werden.

Der Maßstab ist erheblich strenger als bei Maßnahmen, die sich an Erwachsene richten. Die Gerichte untersagen häufig eine entsprechende Werbung, um die Minderjährigen zu schützen. Auch Werbung, die sich gezielt an geschäftlich Unerfahrene (z. B. sprachunkundige Ausländer) oder leicht beeinflussbare Menschen (z. B. Senioren) richtet, darf die Schwächen dieser Menschen nicht ausnutzen.

Verschleiern von Werbemaßnahmen

Nach § 4 Nr. 3 UWG ist es unzulässig zu werben, ohne dass dem Verbraucher der Werbecharakter einer Maßnahme bewusst ist. Im allgemeinen Sprachgebrauch nennt man das „Schleichwerbung". Der Grund für das Verbot: Wenn der Verbraucher weiß, dass bestimmte Botschaften einem Unternehmen zuzurechnen sind, ordnet er deren Glaubwürdigkeit niedriger ein, als wenn sich neutrale Personen äußern.

Beispiel: Getarnte Werbung

 Unzulässig ist die Werbung mit einer wissenschaftlichen Studie, die der Werbende selbst in Auftrag gegeben hat, wenn er diesen Zusammenhang nicht offen legt.

Das sog. Guerilla-Marketing bedient sich einer getarnten Werbung. Häufig lancieren Unternehmen positive Berichte über ihre eigenen Produkte in Internet-Foren, die Verbraucher ansprechen und in denen Produkte bewertet oder empfohlen werden. Dies ist wettbewerbsrechtlich unzulässig.

In den Medien müssen redaktionelle Inhalte und Werbung streng getrennt werden. Ist die Optik zwischen den Teilen ähnlich, muss die Werbung in Printmedien durch die Überschrift „Anzeige" gekennzeichnet werden. Ein redaktioneller Beitrag wird im Übrigen auch dann vorgetäuscht, wenn er nicht von der Redaktion verfasst wurde, sondern unverändert von einem Dritten übernommen wurde. Dies geschieht hin und wieder bei Pressemitteilungen. Vorsicht geboten ist auch bei Hyperlinks, die aus einem redaktionellen Beitrag auf eine kommerzielle Internetseite führen.

Auch im Fernsehen muss der Übergang von Programm und Werbung deutlich werden. Dies geschieht in der Praxis, indem vor dem Werbeblock ein kurzer Vorspann mit dem Hinweis „Werbung" erscheint. Bei in Spielfilmen platzierter Werbung gilt ein weniger strenger Maßstab, da der Verbraucher dem Geschehen hier anders als bei Informationssendungen kein so hohes objektives Gewicht beimisst. Gleiches gilt für Werbung in Computerspielen (In-Game-Advertising).

Unklare Angaben bei Preisen, Zugaben oder Geschenken

Nach § 4 Nr. 4 UWG sind unklare Angaben bei den Bedingungen für Preisnachlässe, Zugaben oder Geschenke unzulässig. Verbraucher werden häufig mit dem Versprechen in ein Geschäft gelockt, dass sie beim Kauf bestimmte Geschenke erhalten. Hin und wieder werden die Bedingungen, unter denen diese Zugaben gewährt werden, in der Werbung nur überblicksartig angekündigt, im Geschäft selbst präsentiert man den Kunden dann aber detaillierte Bedingungen, die deutlich strenger sind als ursprünglich vermutet. Solche Werbemaßnahmen sind wettbewerbswidrig, da der Verbraucher ins Ladenlokal gelockt wird mit dem Versprechen, eine bestimmte Zugabe zu erhalten, die er dann nicht erhält, obwohl er doch einen Einkauf tätigt.

Zulässig ist dagegen, bestimmte Rabatte oder andere Vergünstigungen nur für einen begrenzten Zeitraum einzuräumen. Dann muss dieser Zeitraum klar und deutlich angegeben werden. Es ist auch zulässig, eine Verkaufsförderungsmaßnahme auf bestimmte Personengruppen zu beschränken.

Beispiele: Zulässige verkaufsfördernde Maßnahmen

 Studentenrabatt, Rentnerrabatt, Schülerrabatt, Vergünstigungen nur für Angehörige bestimmter Berufe, Gewinnspielteilnahme nur für Menschen mit Wohnsitz in Bayern.

Die Bedingungen müssen dann aber auch rechtzeitig vor dem Kauf angegeben werden, damit der Kunde die Möglichkeit hat, sich zu informieren und auf dieser Basis eine Entscheidung zu treffen. Wird in einer Anzeige mit einem bestimmten Rabatt geworben, muss erkennbar sein, welche Personengruppe die Vergünstigung erhält.

Unklare Angaben bei Gewinnspielen

Nach § 4 Nr. 5 gilt bei Gewinnspielen das Transparenzgebot. Der Verbraucher muss erfahren, unter welchen Umständen er teilnehmen kann und wie der Gewinner ermittelt wird. Nicht notwendig ist allerdings, die Gewinnchancen anzugeben.

Problematisch ist es in der Realität häufig, wenn aufgrund des Werbemediums wenig Zeit oder Platz zur Verfügung steht, um die genauen Bedingungen anzugeben. So wurde von den höchsten Gerichten noch nicht geklärt, inwieweit es beispielsweise in einer Radio- oder Fernsehwerbung ausreicht, auf die ausführlichen Gewinnspielbedingungen auf einer Internetseite zu verweisen. Hier kommt es auf die konkrete Ausgestaltung des Gewinnspiels an, die wettbewerbsrechtlich zu prüfen ist. Um das Risiko zu minimieren, sollten die wichtigsten Bedingungen im Spot selbst genannt werden und die Internetseite, auf der die übrigen Bedingungen zu lesen sind, klar sichtbar und hörbar angegeben werden.

Checkliste: Mindestangaben bei Gewinnspielen

- Persönliche Voraussetzungen der Teilnahme bei Begrenzung (z. B. Mindestalter, Studentenstatus)
- Identität des Veranstalters
- Art der Ermittlung der Gewinner
- Laufzeit des Gewinnspiels
- Art und Anzahl der Preise
- Art der Benachrichtigung der Gewinner
- Etwaige Kosten der Teilnahme

Koppelung von Gewinnspiel an Kauf

Nach § 4 Nr. 6 UWG ist es unzulässig, die Teilnahme an einem Gewinnspiel davon abhängig zu machen, dass ein Verbraucher eine Ware oder Dienstleistung erwirbt. Es darf auch nicht der Eindruck erweckt werden, dass die Gewinnchancen steigen, wenn gleichzeitig Waren gekauft werden. Damit soll verhindert werden, dass der Spielreiz von Menschen ausgenutzt wird und der Verbraucher ein Produkt nur erwirbt, um am Gewinnspiel teilnehmen zu können, und nicht, weil ihn das Produkt überzeugt hat.

> Wenn ein Teilnahmeformular für ein Gewinnspiel und ein Bestellvordruck für Waren oder Dienstleistungen auf derselben Postkarte stehen, muss ausdrücklich darauf hingewiesen werden, dass die Teilnahme am Gewinnspiel von einer Bestellung unabhängig ist und die Gewinnchancen nicht erhöht.

Sehr problematisch ist die Veranstaltung von Gewinnspielen, bei denen sog. Gewinncodes auf der Ware selbst ausgedruckt sind.

Beispiele: Gewinncodes

Code im Überraschungsei
In jedem Überraschungsei ist ein Code aufgedruckt, den man auf der Internetseite des Schokoladefabrikanten eingeben kann. Bestimmte Codes führen zum Gewinn von Sach- oder Geldpreisen.

Code im Kronkorken
Im Deckel jeder Bierflasche einer bestimmten Marke ist ein Code aufgedruckt, den man auf der Internetseite des Bierherstellers eingeben kann. Bei bestimmten Codes gewinnt der Verbraucher einen Gutschein für den Download eines Musikstücks auf der Plattform iTunes.

Rechnungsnummer
In einem Restaurant erhält jeder Kunde mit einer Rechnungsnummer, die auf 9 endet, einen Theatergutschein.

Die Teilnahme an einem solchen Gewinnspiel ist nur möglich, wenn man das Produkt erworben hat. Ohne die Bierflaschen oder die Überraschungseier zu kaufen, ist es nicht möglich, die Codes zu finden und im Internet einzugeben. Auch den Theatergutschein können nur Gäste gewinnen, die bereits Leistungen in Anspruch genommen haben. Daher liegt vordergründig eine Koppelung zwischen Ware und Gewinnspielteilnahme vor. Um eine Entkoppelung zu schaffen, ist es nötig, eine alternative gleichwertige Möglichkeit für Verbraucher zu schaffen, am Gewinnspiel ohne Warenerwerb teilzunehmen, z. B. durch eine Teilnahme über das Internet. Bei der Konzeption eines solchen Gewinnspiels sollte wegen der erheblichen rechtlichen Risiken ein im Wettbewerbsrecht versierter Anwalt zu Rate gezogen werden.

Die Teilnahme an einem Gewinnspiel darf auch nicht davon abhängig gemacht werden, dass der Verbraucher in die Weitergabe seiner persönlichen Daten zu anderen Zwecken als der Benachrichtigung über einen Gewinn einwilligt.

Herabsetzung und Verunglimpfung von Wettbewerbern

Nach § 4 Nr. 7 und Nr. 8 UWG ist die Herabsetzung und Verunglimpfung von Wettbewerbern verboten. Dies liegt etwa vor, wenn

- Kennzeichen, Waren oder Dienstleistungen oder die persönlichen oder geschäftlichen Verhältnisse eines Mitbewerbers herabgesetzt werden,
- nicht beweisbare betriebs- oder kreditschädigende Tatsachen behauptet oder verbreitet werden.

Beispiele: Herabsetzung und Verunglimpfung

„Die Marke XY steht für schlechte Qualität."
Anzünden von Produkten von Mitwerbern in einem Fernsehspot
Bezeichnung eines Produkts als „Scheiß des Monats"
„Zeitung XY taugt nur als Toilettenpapier."
„Fernsehsender XY ist ein Schmuddelsender."

Erlaubt ist es dagegen immer, die Vorzüge der eigenen Produkte herauszustellen. Dass dadurch die Waren der Wettbewerber indirekt als minderwertiger erscheinen, ist eine notwendige Folge des Wettbewerbs und daher auch zulässig. Verhindert werden soll nur, dass der Wettbewerb auf einer destruktiven oder persönlichen Ebene ausgetragen wird, bei der es nicht mehr darum geht, das eigene Produkt als die beste Alternative herauszustellen, sondern die Produkte der Konkurrenz in einem negativen Licht erscheinen zu lassen.

Produktnachahmungen

Generell herrscht im deutschen Recht Nachahmungsfreiheit, das heißt, Wettbewerber dürfen Waren kopieren. Ausnahmen bestehen, wenn Schutzrechte (Patent- und Gebrauchsmusterschutz, Designschutz, Markenschutz) verletzt werden oder wenn eine wettbewerbsrechtlich unzulässige Nachahmung vorliegt (§ 4 Nr. 9 UWG). Eine verbotene Nachahmung ist gegeben, wenn über die betriebliche Herkunft einer Ware oder Dienstleistung getäuscht wird. Dazu muss das Originalprodukt eine gewisse Bekanntheit erreicht haben. Es muss sich von den bestehenden Produkten abheben. Es genügt hierzu, dass einige Verbraucher anhand des Produktes den Hersteller identifizieren können.

Beispiele: Identifikation des Herstellers über Produkt

Grüne Jacken mit Wachsbeschichtung und braunem Kragen werden der Firma „Barbour" zugeordnet.

Schon die besondere Form einer Cola-Flasche erlaubt die Zuordnung des Produkts zum Unternehmen „Coca Cola". Gleiches gilt für die besondere Flaschenform der Whiskymarke „Dimple".

Ein Sportschuh, auf dem drei Streifen aufgedruckt sind, wird als Schuh von „adidas" erkannt.

Ein Wodka, der einen Büffelgrashalm enthält, wird als „Grasovka" identifiziert.

Ob die Produktnachahmung tatsächlich unzulässig ist, ergibt sich aus dem Grad der Bekanntheit des Originalprodukts, wie intensiv nachgeahmt wird und der besonderen Eigenheit der Merkmale, die die Ware von Konkurrenzprodukten abhebt. Diese Kriterien stehen in Wechselwirkung zueinander. Zu beurteilen, wann eine Produktnachahmung unzulässig ist, gehört zu den schwierigsten Fragen des UWG. Die Aufgabe sollten Sie daher einem Experten im Wettbewerbsrecht übertragen.

Gezielte Behinderung von Konkurrenten

Nach § 4 Nr. 10 UWG ist die gezielte Behinderung von Konkurrenten verboten. Abzugrenzen davon sind Maßnahmen, bei denen sich eine gewisse Behinderung von Konkurrenten als Reflex ergibt.

Beispiel: Das ist zulässig, das ist unzulässig

Zulässig ist es, wenn ein Unternehmen alle Plakatwände der Stadt mietet, um für ein Produkt zu werben. Der Nachteil der Wettbewerber ergibt sich nur reflexartig aus der Tatsache, dass kein Werbeplatz auf Plakatwänden mehr zur Verfügung steht.

Unzulässig wäre es dagegen, wenn das Unternehmen gezielt Plakate von Mitbewerbern überkleben würde.

Verboten sind die Anwendung von Gewalt, das Ausüben besonderen Drucks oder Betriebsspionage. Wer unlautere Preiskampfmethoden anwendet oder Strategien, um Kunden auf marktunübliche Weise auszuspannen, verstößt ebenso gegen das Wettbewerbsrecht.

Entscheidender Faktor ist hierbei, ob vorrangig zur Förderung des eigenen oder insbesondere zur Behinderung des fremden Wettbewerbs gehandelt wird.

Preiskampfmethoden

Der Preis ist ein wichtiges Element im Wettbewerb. Ein Unterbieten des Preises von Wettbewerbern ist naturgemäß nicht wettbewerbswidrig. Nur in Ausnahmefällen kann ein

Preiskampf wettbewerbswidrig sein. Dies ist der Fall, wenn die Preise so gestaltet werden, dass sie ausschließlich der Verdrängung des Wettbewerbs gelten, etwa weil systematisch unter Einstandspreis verkauft wird. Verboten ist ferner das massenhafte Verschenken von Originalware.

Boykott

Unzulässig ist es, zum Boykott eines Konkurrenten aufzurufen, und zwar unabhängig davon, ob dies offen oder verdeckt geschieht. Dies gilt jedenfalls, soweit bei dem Boykottaufruf wirtschaftliche Interessen und nicht Elemente des geistigen Meinungskampfes im Vordergrund stehen.

Beispiel: Boykott

Ein Unternehmen schreibt inkognito in einem Internetforum negativ über einen Konkurrenten und ruft die Leser des Forums auf, keine Waren mehr bei dem Wettbewerber zu kaufen.

Verstoß gegen sonstige Vorschriften

Der Verstoß gegen bestimmte Gesetze ist gleichzeitig ein Wettbewerbsverstoß, wenn das Gesetz auch den Zweck hat, Regeln für einen bestimmten Markt aufzustellen.

Überblick: Sonstige Vorschriften und Beispiele

Vorschriften	Beispiele für Verstoß
• Preisangabenverordnung: Pflicht zur Angabe von Endpreisen gegenüber Verbrauchern einschließlich aller Preisbestandteile	„12,50 Euro zzgl. MwSt" (Gegenüber Verbrauchern dürfen nur Bruttopreise angegeben werden.)
• Heilmittelwerbegesetz: Werbung für verschreibungspflichtige Medikamente, Werbung mit Abbildungen von Ärzten in Berufskleidung („weiße Kittel") gegenüber Verbrauchern verboten	Fernsehspot für das Kopfschmerzmittel „Ibuprofen 600 mg" (Werbung für verschreibungspflichtiges Medikament: Während Ibuprofen 400 mg nicht verschreibungspflichtig ist, ist es die höhere Dosis schon.)
• Europäische Health-Claims-Verordnung: Verbot der Gesundheitswerbung ohne Genehmigung, Verbot der Werbung mit bestimmten Adjektiven wie „zuckerfrei", „zuckerarm", „fettfrei", „calziumarm", wenn bestimmte Grenzwerte überschritten sind	„Dieser Joghurt stärkt die Abwehrkräfte." (Verbotene gesundheitsbezogene Aussage, wenn sie für dieses Lebensmittel nach bestimmten Claim-Listen nicht zugelassen ist.)

Vorschriften	Beispiele für Verstoß
• Telemediengesetz: Erfordernis eines vollständigen Impressums bei Internetseiten	„Impressum: Karl Maier, Waldstraße 23, Nürnberg" (Es müssen die E-Mail-Adresse und mindestens ein weiteres Kommunikationsmittel angegeben werden.)
• Ladenschlussgesetz: Regulierung der Öffnungszeiten	Werbung eines Ladengeschäfts: „Wir haben 24 Stunden, 7 Tage die Woche für Sie geöffnet."
• Jugendschutzgesetz	Abgabe von Alkohol und Zigaretten an 15-Jährige
• Informationspflichten nach BGB und BGB-Informationspflichtenverordnung bei Verkauf von Waren über Telefon oder Internet	Fehlerhafte Widerrufsbelehrungen
• Verpackungsverordnung	Verstoß gegen die Registrierungspflicht von Verpackungen für Endverbraucher. Es dürfen in der Regel nur Verpackungen verwendet werden, die bei einem flächendeckenden Rücknahmesystem (Grüner Punkt) registriert sind.

Irreführende und vergleichende Werbung

Irreführende Werbung

Nach § 5 UWG ist irreführende Werbung verboten. Irreführende Werbung ist ein Sammelbegriff für werbende Maßnahmen, die dem Verbraucher eine tatsächlich nicht existente Situation vorspiegeln, die für die Kaufentscheidung relevant ist. Das Gesetz führt beispielhaft folgende Angaben auf:

Überblick: Irreführende Werbung und Beispiele	
Anknüpfungspunkte	Beispiele für mögliche falsche Aussagen
Verfügbarkeit	„nur heute erhältlich"
Art, Ausführung	„kompatibel mit XYZ"
Zusammensetzung	„ohne Zucker"
Verfahren und Zeitpunkt der Herstellung	„zweifach galvanisiert"
Zwecktauglichkeit	„erfüllt gesetzliche Voraussetzungen für Kfz-Verbandskasten"
Verwendungsmöglichkeit	„wasserdicht bis 50 m"
Menge	„10 Stück"
Beschaffenheit	„Porzellan 1. Wahl"

Anknüpfungspunkte	Beispiele für mögliche falsche Aussagen
Geographische oder betriebliche Herkunft	„Schweizer Uhr"
Warentests	„Testurteil: sehr gut'"
Anlass des Verkaufs	„Verkauf wegen Geschäftsaufgabe"
Preis oder die Art und Weise, in der er berechnet wird	Abweichung des Preises in der Werbung vom tatsächlichen Preis im Laden
Bedingungen des Warenerwerbs oder der Leistungserbringung	„nur für Clubmitglieder"
Geschäftliche Verhältnisse des Werbenden, einschließlich:	„weltweites Filialnetz"
▪ seiner Identität	„Siemens-Tochtergesellschaft"
▪ seines Vermögens	„von Millionären für Millionäre"
▪ seiner geistigen Eigentumsrechte	„weltweit patentiert"
▪ seiner Befähigung	„Meisterbetrieb"

Vergleichende Werbung

Nach § 6 UWG ist vergleichende Werbung nur unter ganz bestimmten Voraussetzungen zulässig. Vergleichende Werbung war in Deutschland bis zum Jahr 2000 grundsätzlich verboten. Infolge einer europäischen Richtlinie wurde das Werberecht dann liberalisiert.

Liegt vergleichende Werbung vor?

Bevor man sich Gedanken macht, ob eine Werbemaßnahme den wettbewerbsrechtlichen Kriterien der vergleichenden Werbung standhält, muss erst geprüft werden, ob überhaupt eine vergleichende Werbung im Sinne des UWG vorliegt.

> Vergleichende Werbung ist jede Werbung, die einen Mitbewerber oder dessen Produkte erkennbar macht.

Dieses Kenntlichmachen kann dadurch geschehen, dass der Mitbewerber ausdrücklich erwähnt wird: „Coca Cola enthält weniger Zucker als Pepsi Cola". Es reicht aber auch, wenn sich aus dem Zusammenhang ergibt, dass ein bestimmter Wettbewerber gemeint ist: „Bessere Qualität als bei dem Möbelhaus aus Schweden".

Nicht ausreichend für vergleichende Werbung ist es, wenn eine Alleinstellungsbehauptung reflexartig Mitbewerber betrifft, ohne dass diese besonders erkennbar gemacht werden. „Persil ist das beste Waschmittel", „Hornbach hat die meisten Baumarktfilialen in Deutschland": Solche Aussagen betreffen in erster Linie das werbende Unternehmen selbst und wirken sich nur indirekt auf die Wettbewerber aus. Eine

Ausnahme kann in einem Markt gelten, in dem es nur sehr wenige Konkurrenten gibt. In einem solchen Fall kann eine Werbeaussage in Bezug auf das eigene Unternehmen indirekt einen Vergleich mit einem anderen Unternehmen beinhalten.

Sechs Voraussetzungen für zulässige vergleichende Werbung

Liegt vergleichende Werbung vor, müssen alle folgenden sechs Voraussetzungen erfüllt sein, damit die Werbemaßnahme rechtmäßig ist:

1 Der Vergleich muss sich auf Waren oder Dienstleistungen des gleichen Bedarfs beziehen.
   Es dürfen also nicht Dinge verglichen werden, die gar nicht vergleichbar sind. Voraussetzung ist aber nicht, dass die Produkte identisch sind, sondern dass sie den gleichen Bedarf decken.

Beispiel: Das ist zulässig, das ist unzulässig

> Verglichen werden dürfen z. B. die Kosten für einen Mietwagen mit den Kosten für ein Bahnticket.
>
> Unzulässig wäre es dagegen, die Mietwagenfahrt von München nach Berlin mit dem Preis einer Bahnfahrkarte auf der Strecke Frankfurt – München zu vergleichen.

2 Der Vergleich muss sich auf eine oder mehrere wesentliche, nachprüfbare und typische Eigenschaften oder den Preis der Waren oder Dienstleistungen beziehen.
   Verboten ist es daher, eine Eigenschaft des Produktes herauszugreifen, die zwar eine Überlegenheit im Verhältnis

zu anderen Produkten bedeutet, die für den Verbraucher aber nur einen untergeordneten Stellenwert hat.

Beispiel: Merkmal mit geringem Stellenwert

 Zwei Autos werden gegenübergestellt mit der Aussage „Nur der Corsa hat ein Gaspedal mit Gummibezug". Aus welchem Material der Bezug des Gaspedals ist, spielt für den Käufer regelmäßig keine Rolle im Rahmen seiner Kaufentscheidung.

3 Der Vergleich darf nicht zu Verwechslungen zwischen dem Werbenden und Mitbewerbern führen.
Insbesondere, wenn fremde Produkte im Rahmen der vergleichenden Werbung präsentiert werden, muss darauf geachtet werden, dass der Verbraucher leicht erkennen kann, welches Produkt zu welchem Unternehmen gehört.

4 Die Werbung darf nicht die Wertschätzung der Marke des Mitbewerbers ausnutzen oder beeinträchtigen. Verboten ist der Imagetransfer einer fremden Ware auf eigene Produkte. Untersagt wurde beispielsweise die Aussage „im Cartier-Stil", weil damit die Vergleichbarkeit im Design behauptet wurde.

5 Die Produkte des Mitbewerbers sowie dieser selbst dürfen nicht verunglimpft werden.
Ein Hersteller von Markenprodukten muss es hinnehmen, dass diese mit Waren von No-Name-Herstellern verglichen werden. Darin liegt noch keine Verunglimpfung. Ebenso erlaubt ist die Herausstellung der Vorzüge der eigenen Produkte, auch wenn damit reflexartig die Konkurrenzprodukte schlecht gemacht werden.

Beispiel: Zulässiger Vergleich

 Zulässig ist die Werbung: „Sind Sie immer noch T-Kunde? Dann können wir Ihnen ein lukratives Angebot unterbreiten."

6 Eine Ware darf nicht als Imitation einer markenrechtlich geschützten Ware dargestellt werden.
Verboten ist daher, eine Uhr als „Rolex-Imitat" zu bezeichnen. Zulässig ist hingegen der Hinweis „identisch mit ..." bzw. „baugleich mit ...".

Um die Nachprüfbarkeit vergleichender Werbung zu ermöglichen, muss der Werbende dem Kunden mitteilen, wie er sich Informationen über die Einzelheiten des Vergleichs verschaffen kann.

Sonderfall: Werbung mit Testergebnissen

Immer wieder gibt es Streit bei der Frage, wie mit Testergebnissen geworben werden darf. Die Stiftung Warentest hat Empfehlungen zur Werbung mit Testergebnissen herausgegeben. Sie finden sie unter:
www.test.de/unternehmen/werbung/nutzungsbedingungen
Auch wenn diese Empfehlungen nicht rechtlich verbindlich sind, werden sie von den Gerichten in der Regel bei der Bewertung mitberücksichtigt. Die wichtigsten Empfehlungen der Stiftung Warentest sind:

- Unzulässig ist regelmäßig eine Werbung mit Testergebnissen, wenn die Fundstelle der Veröffentlichung nicht angegeben ist.
- Wird mit einem älteren Test geworben, ist dies nur dann zulässig, wenn in der Zwischenzeit keine neuerer Test durchgeführt wurde und die aktuell angebotenen Waren mit den seinerzeit getesteten identisch sind.
- Testergebnisse dürfen nicht mit eigenen Worten umschrieben werden.
- Auch darf nicht der Eindruck erweckt werden, dass sich ein positiver Test auf Produkte bezieht, die gar nicht vom Test erfasst waren.
- Außerdem ist es unzulässig, einzelne Aussagen aus dem Kontext zu reißen und weniger günstige Aussagen zu verschweigen, um insgesamt einen positiveren Eindruck zu erzeugen als eigentlich nach dem Ergebnis des Tests gerechtfertigt wäre.

Checkliste: Werbung mit Testergebnissen

- Fundstelle des Tests angeben
- Prüfen: Kein neuerer Test vorhanden?
- Prüfen: Beworbenes Produkt mit getestetem identisch?
- Testergebnisse nicht mit eigenen Worten umschreiben
- Günstige Einzelaussagen nicht isolieren, wenn andere Aussagen weniger günstig sind.

Unzumutbare Belästigungen durch Werbemaßnahmen

Täglich begegnen uns Tausende von Werbebotschaften. Aus dieser Übersättigung resultiert das Bedürfnis des Verbrauchers, nicht gegen seinen Willen in aggressiver Weise mit Werbemaßnahmen konfrontiert zu werden.

Einwilligung des Verbrauchers ist unverzichtbar

Nach § 7 UWG ist bei Werbung, die sich direkt persönlich an den Verbraucher richtet, daher in der Regel dessen Einwilligung erforderlich. Der Verbraucher muss also einverstanden sein, dass er Werbung erhält.

Beispiel: Einwilligung nötig

 Ohne Einwilligung ist der Versand von Werbe-E-Mails verboten. Weiterhin ist es verboten, auf offener Straße Passanten anzusprechen und sie mit Werbung zu konfrontieren. Ohne Einwilligung ist auch Telefonwerbung bei Verbrauchern unzulässig. Von der Telefonwerbung zu unterscheiden ist allerdings die zulässige Marktforschung. Werbeflyer dürfen nicht in den Briefkasten eingelegt werden, wenn auf dem Briefkasten ein deutlicher Hinweis, z. B. „Bitte keine Werbung" angebracht wurde.

Erstaunlicherweise ist es dagegen ohne vorherige Einwilligung zulässig, an der Haustür eines Verbrauchers zu klingeln, um ihm Produkte zu verkaufen oder Werbung zu übermitteln. Schließt der Verbraucher im Rahmen solcher Vertreterbesuche Verträge ab, stehen ihm allerdings mindestens zwei Wochen lang Widerrufsrechte zu.

Was ist belästigend?

Eine geschäftliche Handlung, durch die ein Marktteilnehmer in unzumutbarer Weise belästigt wird, ist unzulässig. Vom Verbot umfasst ist jede geschäftliche Handlung vor, bei und infolge des Vertragsschlusses. Es muss sich allerdings um Individualwerbung handeln, die sich also nicht gänzlich unkonkretisiert an die Allgemeinheit richtet. Sofern sich die Maßnahme auf eine bestimmte Adressatengruppe bezieht (z. B. Kinder), ist das Empfinden eines durchschnittlichen Repräsentanten dieser Gruppe maßgeblich. Es müssen jeweils die Einzelumstände des Ansprechens bewertet werden. Entscheidend ist, ob der Angesprochene damit rechnen konnte, geschäftlich angesprochen zu werden und ob er Möglichkeiten hat, sich effektiv zu entziehen.

> Lässt der Angesprochene keinen Unwillen erkennen, ergibt sich daraus jedoch noch nicht gleichzeitig die Zulässigkeit der Werbemaßnahme. Eine unzumutbare Belästigung muss dann im Einzelfall anhand einzelner Kriterien untersucht werden (vgl. unten).

Klassisches Beispiel für den Wunsch, nicht kontaktiert zu werden, ist der „Werbung unerwünscht"-Aufkleber am Briefkasten oder das Schild „Betteln und Hausieren verboten".

> **Checkliste: Was ist unzumutbar belästigend?**
>
> Belästigend sind Handlungen, die
>
> - der Adressat, nämlich der angemessen kritische, informierten Durchschnittsverbraucher, der weder übermäßig sensibel noch äußerst gleichmütig ist,
>
> - wegen ihrer Art und Weise, unabhängig von ihrem Inhalt
>
> - als störend empfindet, da er ungefragt mit einer geschäftlichen Handlung konfrontiert wird.

Welche Kriterien spielen eine Rolle?

Belästigungen sind regelmäßig unzumutbar, wenn sie bewusst und zielgerichtet zur Steigerung des eigenen Absatzes vorgenommen werden. Ansonsten erfordert die Feststellung der Unzumutbarkeit regelmäßig eine Abwägung im Einzelfall. Die Schwelle zur Unzumutbarkeit ist zugunsten des Verbrauchers hierbei eher niedrig angesetzt. In der Waagschale auf der einen Seite sollten die Interessen des einzelnen, von werblicher Information verschont zu bleiben, berücksichtigt werden. In der anderen Waagschale kommt zum Tragen, dass Wirtschaften ohne Werben nicht funktioniert und dass Marktteilnehmer ein Interesse daran haben können, werbliche Informationen zu beziehen. Werbung meint hierbei sowohl das Angebot von Waren und Dienstleistungen als auch die Nachfrage danach. Stets unzulässig ist Werbung, bei der die Identität des Absenders verschleiert oder verheimlicht wird.

Dem Werbeempfänger muss eine gültige Adresse bekannt gemacht werden, bei der er verlangen kann, dass die Werbung unterbleibt. Hierfür dürfen dem Beworbenen keine höheren Kosten als für ein normales Telefongespräch entstehen. Absicht und kommerzieller Charakter der Botschaft müssen offensichtlich sein.

Überblick: Kriterien der Abwägung und Beispiele

Kriterien	Beispiele
- Ausmaß des Eingriffs (Privatsphäre betroffen, virtuell / reell?)	Persönlicher Kontakt wiegt schwerer als eine nur telefonische Kontaktaufnahme.
- Mildere, gleich geeignete Mittel möglich?	Verteilen von Werbebroschüren statt aggressiven Ansprechens
- Abwehrmöglichkeiten des Verbrauchers (Zeit, Aufwand, Kosten)	Beim einzelnen Anruf kann man einfach auflegen, bei einer Lautsprecherdurchsage das Geschäft verlassen, ein überfülltes E-Mail-Postfach bringt hingegen Organisationsaufwand mit sich und kostet Zeit, da der Nutzer die für ihn relevanten Nachrichten erst mühsam herausfiltern muss.
- Dammbruchtheorie (Was, wenn alle so werben würden?)	Ansprechen am Unfallort. Die Betroffenen würden in einer psychisch schwierigen Lage „überfallen", die Regulierung des Unfallgeschehens würde erschwert.

Beispiel: Das ist zulässig, das ist nicht zulässig

Unzulässig ist das Ansprechen in der Öffentlichkeit, bei dem sich der Werber nicht als solcher zu erkennen gibt.

Zulässig ist das Ansprechen in einer Einkaufspassage oder auf einem Jahrmarkt, unzulässig hingegen das Ansprechen am Unfallort.

Werbung in Schulen ist zulässig, sofern die Schulverwaltung einverstanden ist.

Werbung im Internet (z. B. durch Pop-ups, Interstitials) ist insoweit zulässig, als die Nutzung des Internets dadurch nicht wesentlich erschwert wird (so z. B. wenn sich Pop-ups nicht mehr schließen lassen oder bei dem Versuch sie zu schließen, eine Reihe weiterer erscheinen; bei übermäßigen Ladezeiten).

Die Fallgruppen der unzulässigen unzumutbaren Belästigung werden im Folgenden einzeln beleuchtet.

Telefonwerbung

Verboten ist die Werbung mit einem Telefonanruf

1 gegenüber einem Verbraucher ohne dessen ausdrückliche Einwilligung oder

2 gegenüber einem sonstigen Marktteilnehmer ohne dessen zumindest mutmaßliche Einwilligung.

Hierunter fällt die persönliche und individuelle Kommunikation (zur Werbung mit Anrufmaschinen siehe S. 37). Werbung ist stets gegeben, wenn der Angerufene zu einem Geschäftsabschluss, und sei es nur zur Erweiterung eines bestehenden Vertragsverhältnisses, bewegt werden soll. Auch damit in Zusammenhang stehende Vorbereitungshandlungen (z. B.

Verabredung eines Treffens zur Produktpräsentation) sind vom Verbot umfasst.

1. Verbraucher muss ausdrücklich einwilligen

Wenn eine Person unter ihrer Privatnummer kontaktiert wird, ist sie als Verbraucher anzusehen, unabhängig vom Zweck des Anrufes, mag dieser auch den Angerufenen als Unternehmer ansprechen. Seit Juli 2009 ist im Gesetz klargestellt, dass die vorherige, ausdrückliche Einwilligung des Verbrauchers für einen Werbetelefonanruf erforderlich ist. Die Möglichkeit, die Einwilligung aufgrund der Umstände und des Verhaltens des Verbrauchers zu interpretieren, ist seitdem vollständig entfallen.

Beispiele: Nicht mögliche Interpretationen

Öffentliche Verzeichnisse
Es ist nicht als Einwilligung zu sehen, wenn der Verbraucher seine Nummer in öffentlichen Telefonverzeichnissen angibt.

Bestehende Kundenbeziehung
Eine bestehende Geschäftsverbindung macht die Einwilligung nicht entbehrlich. Anders ist es, wenn sich der Verbraucher bei Aufnahme der Geschäftsbeziehung mit telefonischer Betreuung einverstanden erklärt. Wichtig hierbei: Dem Kunden muss die Wahl gelassen werden, ob er mit Telefonwerbung einverstanden ist. Die Einwilligung gilt nur für den Einholenden, nicht für andere Unternehmen. Der Inhalt zukünftiger Werbung muss hinreichend bestimmt sein.

Bitte um Infomaterial
Wenn der Verbraucher um die Übersendung von Informationsmaterial bittet, liegt hierin nicht zugleich eine Einwilligung in telefonische Werbung.

Zwar muss die Einwilligung nicht schriftlich erteilt werden, jedoch ist der Anrufende für das Vorliegen der Einwilligung beweispflichtig.

> Der Werbetreibende geht auf Nummer sicher, wenn er bei Einholung der Einwilligung auf eine ausdrückliche, gesonderte Erklärung setzt, z. B. durch eigenhändige Unterschrift oder das Markieren eines entsprechenden Feldes auf der Internetseite (Opt-in-Verfahren) durch den Verbraucher.

Nach neuester Rechtsprechung ist es zulässig, eine Opt-in-Klausel in Allgemeine Geschäftsbedingungen aufzunehmen. Sie muss dann jedoch transparent und verständlich formuliert sein und darf keine „böse Überraschung" für Verbraucher sein. Ferner muss sie sich in der Sache auf Werbung des Vertragspartners im Rahmen des konkreten Vertragsverhältnisses beziehen.

Bereits der erste Verstoß gegen die Voraussetzungen ist rechtswidrig und kann sanktioniert werden.

2. Mutmaßliche Einwilligung bei sonstigen Marktteilnehmern

- Wer sind die sonstigen Marktteilnehmer?
  Sonstige Marktteilnehmer sind Mitbewerber und alle Personen, welche Anbieter oder Nachfrager von Waren oder Dienstleistungen sind.
- Anforderungen an die (mutmaßliche) Einwilligung:
  Von einer mutmaßlichen Einwilligung kann nur ausgegangen werden, wenn der Grund des Werbeanrufs in den kon-

kreten Interessenbereich des Umworbenen fällt. Die Werbung kann sowohl das Kerngeschäft als auch die Hilfsmittel der beruflichen Tätigkeit des Gewerbetreibenden betreffen, um gerechtfertigt zu sein.

Beispiele: Mutmaßliche Einwilligung?

Bestehende Geschäftsverbindung
Eine bestehende Geschäftsverbindung genügt, da hier regelmäßig der konkrete Interessenbereich des Beworbenen betroffen ist. Beachten Sie: Im Falle der Kündigung dieser Geschäftsverbindung ist es dem Unternehmer möglich, innerhalb der Kündigungsfrist telefonisch Kontakt aufzunehmen, um die Gründe für die Kündigung zu erfahren und ein neues Angebot zu unterbreiten.

Eintrag in Branchenverzeichnissen
Nicht ausreichend als mutmaßliche Einwilligung ist ein Eintrag in einem gewerblichen Adressverzeichnis, z. B. den Gelben Seiten. Hierin liegt nicht automatisch eine mutmaßliche Einwilligung. Ein solcher Eintrag soll grundsätzlich nur Kunden die Kontaktaufnahme ermöglichen.

Schweigen auf Ankündigung
Auch nicht ausreichend ist das Schweigen auf eine schriftliche Ankündigung eines Werbeanrufes.

In der Praxis war es lange Zeit sehr verbreitet, bei Werbeanrufen die Nummer des Anrufenden zu unterdrücken. Diese Praxis ist sowohl gegenüber Verbrauchern als auch gegenüber sonstigen Marktteilnehmern verboten.

Mobile Marketing

Mobile Marketing ist z. B. Werbung per E-Mail, SMS, MMS, RSS. Unzulässig ist Werbung unter Verwendung einer automatischen Anrufmaschine, eines Faxgeräts oder elektronischer Post, wenn keine vorherige ausdrückliche Einwilligung der Adressaten vorliegt. Hier werden Maßnahmen gegenüber Verbrauchern und Unternehmern nach denselben Regeln beurteilt: In beiden Fällen muss eine vorherige, ausdrückliche Einwilligung des Werbeempfängers vorliegen, die im Zweifelsfall vom Werbenden nachgewiesen werden muss.

Beispiele: Einwilligung

Newsletter
Bei Werbung per E-Mail-Verteiler ersetzt die Möglichkeit, sich jederzeit über einen Link abmelden zu können, nicht die Einwilligung.

Elektronische Grußkarten
Elektronische Werbepostkarten dürfen nicht ohne Einwilligung versandt werden.

Auch hier ist anzuraten, die Opt-in-Lösung zu wählen, also die gesonderte Unterschrift des Beworbenen oder das aktive Ausfüllen eines konkreten Ankreuzkästchens. Möglich ist jedoch auch eine Aufnahme der Einwilligung in die Allgemeinen Geschäftsbedingungen. Hierbei ist allerdings zu beachten, dass die Erklärung klar hervorgehoben wird (per Fettdruck oder gerahmt) und nicht zwischen anderen Regelungen „versteckt" wird.

Die Einwilligung ist nicht übertragbar und sie gilt nicht zeitlich unbegrenzt. Auf der sicheren Seite ist man, wenn zwischen Erteilung der Einwilligung und Versendung der Werbebotschaft nicht mehr als ein Jahr vergeht.

Sehr sicher für den Nachweis der Einwilligung ist das sog. Double Opt-in-Verfahren. Dem Interessenten ist es hierbei möglich, auf der Website des Unternehmers seine E-Mail Adresse zu hinterlassen, wenn er an Werbung interessiert ist. Ihm wird dann eine E-Mail zugesendet, die er über den enthaltenen Link bestätigen muss, um damit seine Einwilligung zu bekräftigen.

Checkliste: Einwilligung in Mobile Marketing

- Die Einwilligung muss freiwillig erfolgen.

- Auf die Freiwilligkeit sollte der Werbetreibende ausdrücklich hinweisen.

- Die Einwilligung muss sich auf den konkreten Fall beziehen.

- Die Einwilligung muss in Kenntnis der Sachlage ausdrücklich vorher erklärt worden sein.

- Es sollte aus der Einwilligung erkennbar sein, zu wessen Gunsten sie gilt, also wer konkret zur Werbung berechtigt ist.

- Der Werbetreibende sollte klarstellen, dass der Vertragsschluss von der Einwilligung in den Empfang weiterer Werbung nicht abhängig ist.

Die Ausnahmen

Unter bestimmten Voraussetzungen ist Werbung unter Verwendung elektronischer Post nicht unzumutbar belästigend und damit zulässig, wie die folgende Checkliste zeigt.

Checkliste: Voraussetzungen für E-Mail-Werbung ohne Einwilligung

- Der Unternehmer muss die E-Mail-Adresse im Zusammenhang mit dem Verkauf einer Ware oder Dienstleistung von dem Kunden erhalten haben (Bestellung genügt).

- Die E-Mail-Adresse darf nicht aus der ausschließlichen Teilnahme an einem Gewinnspiel oder einer reinen Informationsanfrage stammen.

- Der Unternehmer darf die Adresse nur zur Direktwerbung für eigene ähnliche Waren oder Dienstleistungen verwenden. Dies ist der Fall, wenn sie den gleichen Bedarf des Kunden decken bzw. den gleichen Verwendungszweck haben. Ersatz- oder Ergänzungsprodukte sind stets ähnlich.

- Der Kunde darf der Verwendung nicht widersprochen haben.

- Der Kunde muss bei Erhebung der Adresse und bei jeder Verwendung klar und deutlich darauf hingewiesen werden, dass er der Verwendung jederzeit widersprechen kann, ohne dass hierfür zusätzliche Kosten entstehen.

Bisher ungeklärt ist, ob diese Voraussetzungen auch für andere Formen des mobilen Marketings gelten, also insbesondere SMS, MMS, RSS. Es spricht einiges dafür. Übertragungen von Werbung auf mobile Geräte unter Verwendung von sog. short range devices (z. B. Bluetooth) fallen jedoch nicht unter die Ausnahme der E-Mail-Werbung ohne Einwilligung. Eine Einwilligung ist hier also weiterhin erforderlich.

Sonstige Kommunikationsmittel

Unzulässig ist die Werbung unter Einsatz von Fernkommunikationsmitteln, durch die ein Verbraucher hartnäckig angesprochen wird, obwohl er dies erkennbar nicht wünscht.

Unter die Werbung mit Fernkommunikationsmitteln fällt insbesondere die wiederholte Werbung per Katalog, Brief, Postwurfsendung oder Werbeblättchen. Hierbei genügt das Ansprechen eines einzelnen Verbrauchers, jedoch muss eine Wiederholung der Werbung vorliegen. Auf eine besondere Intensität kommt es hingegen nicht an. Die unzumutbare Belästigung kann nur angenommen werden, wenn aus den Umständen deutlich wird, dass der Verbraucher die Werbung nicht wünscht (sog. Opt-out-Prinzip). Der Verbraucher muss seine Abneigung nicht ausdrücklich äußern.

Beispiel: Bitte keine Werbung

Standardbeispiel ist das wiederholte Einwerfen eines Werbeprospektes in einen (Verbraucher-)Briefkasten, der mit dem Aufkleber „Bitte keine Werbung" versehen ist. Dies gilt allerdings nicht, wenn der Aufkleber unleserlich ist.

Auch das Deponieren von Werbeflyern unter Scheibenwischern fällt hierunter, da davon auszugehen ist, dass der Autofahrer keinerlei Werbematerial auf seiner Windschutzscheibe vorzufinden wünscht.

Der Werbetreibende muss sich informieren, ob sich Personen in die sog. Robinson-Liste des Deutschen Dialog Marketing Verbandes haben eintragen lassen und somit kundgetan haben, keine Werbematerialien mehr beziehen zu wollen.

Den unzumutbar belästigten Verbrauchern und den sonstigen Marktteilnehmern (Ausnahme: der Mitbewerber des unlauter Werbenden) stehen selbst keine Ansprüche aus dem Wettbewerbsrecht zu. Jedoch liegt in den wettbewerbsrechtlich unzulässigen Handlungen gleichzeitig ein Eingriff in das Allgemeine Persönlichkeitsrecht bzw. in das Recht am Unternehmen der Betroffenen, sodass Unterlassungs- und Schadensersatzansprüche aus dem Bürgerlichen Recht in Betracht kommen.

Auf einen Blick: Was ist in der Werbung verboten?

- Werbung darf Verbrauchern, Mitbewerbern und Unternehmen nicht über Gebühr schaden. Das Wettbewerbsrecht schützt diese Gruppen in unterschiedlicher Weise.

- Verbraucher, also Privatpersonen, dürfen nicht mit verwirrenden, unklaren oder Druck ausübenden Werbeaussagen konfrontiert werden. Auch die Ausnutzung des Spieltriebs als Kaufanreiz ist verboten.

- Werbung darf Mitbewerber nicht verunglimpfen oder ohne tatsächlichen Grund herabsetzen. Auch die gezielte Behinderung von Konkurrenten durch Boykott oder unseriöses Preisdumping ist unzulässig.

- Vergleichende Werbung, die das eigene Produkt gegenüber den Konkurrenzprodukten hervorhebt, ist nur unter ganz engen Voraussetzungen zulässig.

- Werbung darf andere nicht unzumutbar belästigen. Verbraucher dürfen in ihrer Privatsphäre nur mit ausdrücklicher Einwilligung gestört werden, Unternehmer mit mutmaßlicher Einwilligung.

Was ist neu im Wettbewerbsrecht?

Überall in Europa weht nun ein härterer Wind im Wettbewerbsrecht. Der Verbraucherschutz wurde gestärkt. Als Unternehmer und Werbetreibender sollten Sie die Neuregelungen, genau kennen, um unliebsame Abmahnungen und Klagen von Mitbewerbern zu vermeiden.

Im folgenden Kapitel erfahren Sie,

- welche aktuellen Änderungen für Sie als Werbender relevant sind (ab S. 44) und
- welche irreführenden und aggressiven Geschäftspraktiken die sog. Schwarze Liste unter allen Umständen verbietet (ab S. 47).

Die Änderungen im Überblick

Die Regeln, denen Unternehmen im Wettbewerb mit ihren Konkurrenten unterliegen, wurden verschärft. Nachdem bereits im Jahr 2004 das Gesetz gegen den unlauteren Wettbewerb (UWG) novelliert wurde, traten zum 30.12.2008 weitere Änderungen in Kraft. Anlass war eine Richtlinie der Europäischen Gemeinschaft über unlautere Geschäftspraktiken, die sich zum Ziel gesetzt hat, das Verbraucherschutzniveau in Europa anzuheben (Richtlinie 2005/29/EG). Die Neuregelungen bringen zwar keinen grundlegenden Umbruch des Wettbewerbsrechts mit sich, aber der Teufel steckt im Detail. Für Unternehmen lohnt es sich, sich mit den neuen Regeln zu befassen, da sie ansonsten mit Abmahnungen durch Wettbewerber rechnen müssen.

Faktisches Entfallen der Bagatellschwelle

Die Bagatellschwelle im Wettbewerbsrecht, wonach unerhebliche Verletzungen nicht geahndet wurden, wird durch eine neue eingeführte Schwarze Liste stark eingeschränkt. Im B2C-Bereich wird die Bagatellschwelle kaum mehr eine Rolle spielen, nachdem nun auch der Verstoß gegen den Standard an Fachkenntnissen und die Sorgfalt wettbewerbswidrig ist. Unternehmen sollten sich daher auf einen raueren Wind einstellen.

Verstöße in Allgemeinen Geschäftsbedingungen

Die Novelle des UWG hat es mit sich gebracht, dass Konkurrentenabmahnungen wegen nicht-gesetzeskonformer Allgemeinen Geschäftsbedingungen (AGB) leichter möglich sind. Früher musste der Rechtsverstoß in den AGB gleichzeitig auch ein Wettbewerbsverstoß sein, damit Mitbewerber aktiv werden konnten. Viele Gerichte sahen in unwirksamen AGB nicht auf jeden Fall einen Wettbewerbsverstoß. Nun sieht die neue Gesetzeslage vor, dass Mitbewerber gegen jeden Verstoß in AGB vorgehen können. Es kommt also nicht mehr auf den Grad der Rechtswidrigkeit der AGB-Klausel und die räumliche oder zeitliche Reichweite ihrer Anwendung an. Mitbewerber können daher jeden Verstoß gegen AGB-Recht abmahnen und ggf. eine einstweilige Verfügung vor Gericht erwirken.

> Unternehmen sollten die von ihnen verwendeten AGB von im Wettbewerbsrecht versierten Anwälten überprüfen lassen, um nicht Opfer von Abmahnungen zu werden.

Vorsicht bei der Verwendung fremder Marken

Die Verwendung fremder Marken ist verboten, wenn sich eine Verwechslungsgefahr ergibt, also der Verbraucher davon ausgeht, dass das Produkt aus einem anderen Unternehmen stammt als dies tatsächlich der Fall ist. Früher konnten nur die Markeninhaber auf der Basis des Markenrechts Ansprüche geltend machen. Jetzt sind solche Verstöße auch eine Wettbewerbsrechtsverletzung. Dies hat zur Folge, dass auch Dritte und Vereine zur Bekämpfung unlauteren Wettbewerbs dagegen vorgehen können. Das Risiko für Unternehmen, verklagt zu werden, erhöht sich damit deutlich (siehe ausführlich zur Verwendung fremder Marken, ab S. 89).

Ausweitung auf Handlungen bei und nach Vertragsschluss

Während die Vorschriften des Wettbewerbsrechts früher nur auf Handlungen Anwendung fanden, die vor dem Vertragsschluss mit dem Kunden lagen, werden sie zukünftig auch auf Handlungen beim und nach dem Vertragsschluss angewendet. In der Praxis bedeutet das, dass die Regeln etwa für die Werbung gelten und für das Verkaufsgespräch, aber jetzt auch für die Serviceerbringung und Garantieabwicklung. Dies führt dazu, dass es wettbewerbswidrig ist, wenn ein Unternehmen den Kunden daran hindert, seine Gewährleistungsansprüche geltend zu machen, indem es Briefe ungeöffnet zurückgehen lässt oder ein bürokratisches Verfahren zur Abwicklung eines Gewährleistungsfalls aufstellt, das Kunden abschreckt.

Selbst die Forderungseintreibung bei säumigen Schuldnern wird nun vom Wettbewerbsrecht erfasst. Das hat etwa zur Folge, dass bei Zahlungsaufforderungen keine drohenden oder beleidigenden Formulierungen oder Verhaltensweisen angewendet werden dürfen. Auch wäre es wettbewerbswidrig, dem Schuldner mit rechtlich unzulässigen Handlungen zu drohen.

Beispiel: Drohung mit rechtlich unzulässiger Handlung

„Wenn Sie nicht bis zum 31. Juli zahlen, werden wir ohne gerichtliches Verfahren Ihren Arbeitslohn in voller Höhe pfänden."

Räumlicher Anwendungsbereich der Vorschriften

Alle in Europa tätigen Unternehmen sind unabhängig von ihrer Branche betroffen von den Neuregelungen, da diese ein einheitliches Recht in Europa anstreben.

Beispiel: Europaweite Auswirkung

Die österreichische Niederlassung eines deutschen Unternehmens muss sich daher ebenso an die Regeln der Richtlinie halten wie der deutsche Mutterkonzern, auch wenn die Umsetzung der Richtlinie in österreichisches Recht von der deutschen Regelung im Detail abweichen kann.

Europaweit tätige Unternehmen sollten dies im Auge behalten und bei der Planung von einheitlichen Werbekampagnen in verschiedenen europäischen Staaten beachten.

Auf jeden Fall verboten: Was die Schwarze Liste beinhaltet

Durch die Gesetzesnovelle wurde das UWG um einen Anhang ergänzt, in dem 30 Geschäftspraktiken aufgeführt sind, die ohne weiteres als irreführend oder aggressiv eingeschätzt werden und unter allen Umständen verboten sind. Diese 30 Klauseln werden als die „Schwarze Liste" („Black List") bezeichnet. Die Schwarze Liste findet allerdings nur Anwendung bei Handlungen gegenüber Verbrauchern. Für Maßnahmen, die sich ausschließlich gegen Unternehmer richten, gilt daher das alte Recht weiter. Die Schwarze Liste kann man in zwei Bereiche unterteilen:

Schwarze Liste des UWG

Irreführende Geschäftspraktiken

1	Unwahre Angabe zu Verhaltenskodizes
2	Verwendung von Gütezeichen, Qualitätskennzeichen ohne Genehmigung
3	Werbung mit offiziellen Standards, die es nicht gibt
4	Werbung mit unzutreffender offizieller Billigung, Genehmigung oder Bestätigung
5	Lockangebote
6	Bait-and-switch-Technik
7	Zeitliche Begrenzung des Angebots
8	Kundendienst in fremder Sprache
9	Täuschung über die Verkehrsfähigkeit einer Ware
10	Werbung mit Selbstverständlichkeiten
11	Keine Trennung von Werbung und redaktionellen Inhalten
12	Dramatisierung von Gefahren wider besseres Wissen
13	Vermarktung von Produktnachahmungen
14	Schneeball- oder Pyramidensystem
15	Scheinräumungsverkauf
16	Erhöhung der Gewinnchancen durch Warenerwerb

17 Irreführung über den Gewinn bei einem Preisausschreiben

18 Unwahre Angabe über die Heilungswirkung einer Ware

19 Unwahre Angabe über Marktbedingungen oder Bezugsquellen

20 Scheingewinne bei Preisausschreiben

21 Angebot einer Ware als „gratis", „umsonst" oder „kostenfrei", wenn Kosten anfallen

22 Als Rechnungen getarnte Angebote

23 Täuschung über die Unternehmereigenschaft

24 Täuschung über Kundendienstleistungen im Ausland

➲ Aggressive Geschäftspraktiken

25 Hindern am Verlassen von Räumlichkeiten

26 Nichtverlassen der Wohnung des Verbrauchers

27 Vorlage von Unterlagen bei Eintreten des Versicherungsfalls

28 Veranlassung von Kindern zum Kauf

29 Aufforderung zur Bezahlung nicht bestellter Waren

30 Angabe, dass der Arbeitsplatz bei Nichterwerb der Ware gefährdet sei

Eine in der Schwarzen Liste aufgeführte Geschäftspraxis ist immer wettbewerbswidrig. Es gibt weder Ausnahmen noch eine Abwägung. Mit der Schwarzen Liste sollten sich Unternehmen und insbesondere deren Marketingabteilungen daher vertraut machen bzw. sich im Einzelnen die für ihre Branche besonders wichtigen Fälle von einem Anwalt erläutern lassen. Im Folgenden werden die verbotenen Praktiken der Schwarzen Liste näher beleuchtet.

Irreführende Geschäftspraktiken

Unwahre Angabe zu Verhaltenskodizes (Nr. 1)

Man geht davon aus, dass Verhaltenskodizes einer Branche die dort geltenden Anforderungen an die berufliche Sorgfalt widerspiegeln. Daher ist es verboten, sich mit der Behauptung zu „adeln", man halte sich an bestimmte Spielregeln der Branche, wenn dies nicht zutrifft. Die praktische Relevanz dieser Vorschrift hängt von der Branche ab, in der man tätig ist.

Beispiele: Bestehende Kodizes

 Als Kodizes gelten der Pressekodex des deutschen Presserats, die Werberichtlinien des ZAW, der Verhaltenskodex der Freiwilligen Selbstkontrolle Fernsehen e.V., Verhaltenskodizes des deutschen Werberats und der Freiwilligen Selbstkontrolle Multimedia-Diensteanbieter (FSM).

Für seriöse Unternehmen birgt diese Vorschrift keine Probleme. Wer zutreffend einen Verhaltenskodex unterzeichnet hat, darf auch damit werben. Allen anderen Unternehmen ist dies untersagt.

Verwendung von Gütezeichen, Qualitätskennzeichen o.Ä. ohne Genehmigung (Nr. 2)

Gütezeichen werden in der Regel von bestimmten zertifizierten Stellen nach einer objektiven Prüfung der Voraussetzungen vergeben und vermitteln damit eine besondere Glaubwürdigkeit im Rahmen der Werbung. Beispiele sind Zertifikate, die eine bestimmte Qualität verbürgen.

Beispiele: Gängige Zertifikate

GS-Zeichen („Geprüfte Sicherheit"); CE-Zeichen; Blauer Umweltengel; ISO-Zertifizierung; DEKRA-Zertifikate; Bio-Siegel; „vereidigter Sachverständiger"; Fair Trade Siegel

Wettbewerbswidrig verhält sich ein Unternehmen, wenn mit dem Siegel geworben wird, obwohl die Zertifizierung nicht gewährt wurde. Unerheblich ist also, ob das werbende Unternehmen oder das beworbene Produkt die Voraussetzungen möglicherweise tatsächlich erfüllen könnte. Dabei ist gleichgültig, ob die Vergabe des Zertifikats oder der Auszeichnung durch staatliche oder private Stellen erfolgt. Unternehmer sollten prüfen, ob alle Zertifizierungen von Qualitätszeichen, mit denen geworben wird, noch aktuell sind. Ein Verstoß liegt nämlich auch dann vor, wenn mit einem abgelaufenen Zertifikat geworben wird.

Werbung mit offiziellen Standards, die es nicht gibt (Nr. 3)

Diese Vorschrift soll verhindern, dass ein Unternehmer selbst einen Verhaltenskodex erfindet und dem Markt den Eindruck vermittelt, es handele sich um einen offiziellen Standard. Der Verbraucher muss unterscheiden können, welchen Stellenwert ein Kodex hat, da in der Regel staatlich gebilligte Regeln ein höheres Vertrauen genießen. Ein Verstoß liegt nur vor, wenn der Standard ausdrücklich behauptet wird, es reicht nicht aus, wenn nur unterschwellig der Eindruck erweckt wird, der Verhaltenskodex sei von einer öffentlichen oder privaten Stelle gebilligt oder anerkannt. Dies kann der Fall sein, wenn die optische Aufmachung eines Siegels dies suggeriert.

Werbung mit unzutreffender offizieller Billigung, Genehmigung oder Bestätigung (Nr. 4)

Auch hier soll der Verbraucher davor geschützt werden, dass Unternehmen ihren geschäftlichen Handlungen einen offiziellen Anstrich geben, um besonderes Vertrauen zu erwecken:

- So ist es einerseits unzulässig zu behaupten, dass die geschäftliche Handlung, Ware oder Dienstleistung tatsächlich bestätigt, gebilligt oder genehmigt worden wäre, sofern dies nicht stimmt.
- Auf der anderen Seite darf trotz der Billigung, Bestätigung oder Genehmigung nicht behauptet werden, dass die Be-

dingungen eingehalten würden, wenn dies (inzwischen) unrichtig ist.

Beispiele: Werbung mit unwahren Behauptungen

Wettbewerbswidrig sind die unwahren Behauptungen, ein Räumungsverkauf sei bei der Industrie- und Handelskammer angemeldet worden, eine Ziehung der Gewinne sei angeblich unter Notaraufsicht erfolgt oder eine Versteigerung sei vom Regierungspräsidium genehmigt.

Lockangebote (Nr. 5)

Wer nicht darauf hinweist, dass die Ware höchstwahrscheinlich binnen kürzester Zeit ausverkauft sein wird, handelt wettbewerbswidrig. Wie ein solcher Hinweis aussehen kann, ist noch nicht abschließend geklärt.

Beispiel: Lockangebote

Von Gerichten schon vor der Reform des UWG als unzureichend eingestuft wurden die häufig anzutreffenden Formulierungen „solange der Vorrat reicht" und „keine Mitnahmegarantie". Das Oberlandesgericht Hamburg ging sogar bei dem Hinweis „Möglichkeit des kurzfristigen Ausverkaufs trotz sorgfältiger Bevorratung" davon aus, dass der Artikel zumindest am ersten Verkaufstag bis Geschäftsschluss in allen Filialen bereitstehen müsse.

Wenn der Verbraucher vorträgt, dass auf den unzureichenden Warenvorrat nicht angemessen hingewiesen wurde, muss der Unternehmer das Gegenteil beweisen. Er kann sich damit verteidigen, dass keine Anhaltspunkte für die starke Nachfrage vorgelegen haben. Ein solcher Einwand wird allerdings nur dann Gehör finden, wenn das Produkt nicht intensiv beworben wurde. Wer ein Produkt stark bewirbt, muss mit einem gewissen Ansturm rechnen. Unvorhersehbare Lieferschwierigkeiten können den Unternehmer allerdings entlasten. Die gleichen Grundsätze gelten übrigens auch für das Angebot von Dienstleistungen.

Bait-and-switch-Technik (Nr. 6)

Verboten ist die sog. Bait-and-switch-Technik („ködern und umlenken"). Der Verbraucher wird hier mit einem bestimmten Angebot angelockt, das aber tatsächlich nicht erhältlich ist. Stattdessen soll dem Verbraucher ein anderes Produkt verkauft werden. Hierbei ist es gleichgültig, ob es sich um reguläre Angebote oder Sonderangebote handelt. Zu beachten ist, dass das Verbot nur gilt, wenn

- sich der Unternehmer weigert, eine entsprechende Bestellung entgegenzunehmen oder
- innerhalb vertretbarer Zeit zu liefern, oder
- wenn der Unternehmer ein fehlerhaftes Exemplar vorführt.

Die Ausnahme zu diesen Fällen: Der Verkäufer ist unverschuldet in die Situation des Lieferengpasses geraten.

Andere Variationen der Ködertechnik fallen nicht unter die Vorschrift, etwa wenn der Verkäufer die Nachteile eines günstigen beworbenen Produkts herausstellt, um dem Kunden ein teureres Produkt zu verkaufen.

Unwahre Angabe über die zeitliche Begrenzung des Angebots (Nr. 7)

Die Vorschrift soll verhindern, dass Verbraucher dazu gebracht werden, unter Zeitdruck eine Entscheidung zu treffen, obwohl ein solcher Zeitdruck nicht besteht, z. B. mit der wahrheitswidrigen Behauptung, das Angebot gelte nur an einem bestimmten Tag („nur heute").

Da der für die geschäftliche Entscheidung maßgebliche Zeitdruck objektiv nicht besteht, wird dem Verbraucher hier die Möglichkeit genommen, aufgrund einer zutreffenden Information zu entscheiden. Der Zeitraum muss, damit ein Verstoß vorliegt, deutlich geringer sein, als in der entsprechenden Branche üblich. Wenn ein zeitlicher Druck tatsächlich besteht, z. B. bei einem Räumungsverkauf wegen Geschäftsaufgabe, einem Straßenverkauf oder einer Happy Hour ist der Hinweis auf die zeitliche Komponente nicht verboten.

Kundendienst in fremder Sprache (Nr. 8)

Von diesem Verbot umfasst ist der Fall, dass dem deutschen Verbraucher, der mit dem ausländischen Unternehmer vor Vertragsschluss auf Deutsch verhandelt hat, verschwiegen wird, dass die Kundendienstleistungen in einer fremden Sprache erbracht werden. Unternehmen dürfen ihren Kundendienst daher nur in einer anderen Sprache anbieten, wenn sie den Verbraucher vor Vertragsschluss ausdrücklich darüber aufgeklärt haben. Es werden nur Kundendienstleistungen erfasst; die Vorschrift verlangt dagegen nicht, dass alle vertraglichen Leistungen stets auf Deutsch zu erbringen sind.

Beispiel: Kundendienst in Fremdsprache

Ein italienischer Hersteller von Espressomaschinen, der über ein deutsches Vertriebsnetz seine Maschinen verkauft, darf nicht ohne gesonderten Hinweis den Kundendienst (z. B. Hotline) ausschließlich auf Italienisch anbieten.

Täuschung über die Verkehrsfähigkeit einer Ware (Nr. 9)

Es ist verboten, eine Ware zu verkaufen, die nicht verkehrsfähig ist, also nicht uneingeschränkt verwendet werden darf. Der Unternehmer muss die Verkehrsfähigkeit nicht ausdrücklich behaupten, die Täuschung kann sich auch aus den Umständen ergeben. Die Hürden sind relativ niedrig. In der Regel wird ein Verbraucher die Verkehrsfähigkeit einer Ware bereits aufgrund des Umstandes vermuten, dass sie überhaupt zum Verkauf angeboten wird.

Beispiele: Mangelnde Verkehrsfähigkeit

Ein Verstoß liegt vor, wenn ein Roller, der eine Betriebserlaubnis erfordert, angeboten wird, ohne auf die Notwendigkeit dieser Erlaubnis hinzuweisen.

Vorsicht geboten ist auch bei erforderlichen Betriebserlaubnissen für jegliche Arten von technischen Geräten.

Unzulässig ist ferner, wenn ein Gartencenter bestimmte Pflanzen und Sträucher für den Garten verkauft, die nicht heimisch sind, ohne darauf hinzuweisen, dass diese wegen gesetzlicher Verbote nicht in den Garten gepflanzt werden dürfen.

Werbung mit Selbstverständlichkeiten (Nr. 10)

Die von dieser Vorschrift umfasste Werbung mit Selbstverständlichkeiten war auch schon vor der Reform wegen der damit verbundenen Irreführung verboten. Insofern ändert sich die Rechtslage kaum, mit der Ausnahme, dass sich der Unternehmer nun nicht mehr auf das Vorliegen eines Falles unterhalb der Bagatellschwelle berufen kann, da die Tatbestände der Schwarzen Liste immer eine Wettbewerbswidrigkeit nach sich ziehen.

Beispiel: Werbung mit Selbstverständlichkeiten

Verboten ist die Werbung: „Ihr Bonus: 2 Jahre Gewährleistung", da die gesetzliche Gewährleistungsfrist im Kaufrecht ohnehin zwei Jahre beträgt, von einem „Bonus" also nicht die Rede sein kann. Ohne den Zusatz „Bonus" wäre der Verweis auf die gesetzlichen Rechte natürlich rechtmäßig.

Keine Trennung von Werbung und redaktionellen Inhalten (Nr. 11)

Werbung und redaktionelle Inhalte müssen getrennt werden. Dieses Trennungsgebot ist im deutschen Recht nicht neu. Von dem redaktionellen Teil der Medien erwartet der Verbraucher eine gewisse Unabhängigkeit, daher bringt er diesen Informationen ein besonderes Vertrauen entgegen. Er erwartet nicht, dass bestimmte Unternehmen hinter dem Artikel stehen. Vielmehr hat er einen Anspruch darauf, auf solche Zusammenhänge hingewiesen zu werden. Werbung muss also klar als solche gekennzeichnet sein und darf nicht den Anschein erwecken, es handele sich um einen redaktionellen

Beitrag. Die bloße finanzierte Erwähnung eines Produkts in einem Zeitungsartikel oder Fernsehbeitrag fällt ebenso darunter.

Dramatisierung von Gefahren wider besseres Wissen (Nr. 12)

Von dieser Vorschrift erfasst ist die Irreführung über die sicherheitsrelevanten Aspekte eines Produkts. Dem Verbraucher wird es durch solche Irreführungen unmöglich gemacht, eine informierte Entscheidung in dem für ihn sehr wichtigen Bereich der persönlichen Sicherheit zu treffen. Soweit die Werbung also Aspekte der persönlichen Sicherheit des Verbrauchers betrifft, d.h. die Gefahren sich auf ihn oder seine Familien beziehen, haben Unternehmen besondere Sorgfalt anzuwenden. Eine Gefahr soll nicht wider besseres Wissen dramatisiert werden, um Produkte zu verkaufen.

Beispiele: Unzulässige Dramatisierung

Solche sicherheitsrelevanten Produkte können Kindersitze, Airbags im Auto, Alarmanlagen, Bremssysteme, Rauchmelder, Blitzableiter, Verbandskästen, Feuerlöscher, Fahrradhelme, Sicherheitsbindungen sein. Wenn ein Unternehmen z. B. übertriebene Angaben zu den Gefahren macht, die auftreten können, wenn der Kunde nicht den Kindersitz des Unternehmens kauft, liegt ein Verstoß vor.

Nicht von der Norm umfasst sind Versicherungen, da diese nicht der persönlichen Sicherheit, sondern nur dem Schutz des Vermögens dienen.

Vermarktung von Produktnachahmungen (Nr. 13)

Diese Vorschrift ergänzt bestehende Regelungen des UWG. Sie soll die irreführende Vermarktung von Produktnachahmungen eindämmen und greift bei jedem Originalprodukt ein. Voraussetzung für einen Verstoß ist, dass der Verbraucher infolge der Werbung glaubt, die Nachahmung stamme vom Hersteller des Originalproduktes. Darüber hinaus muss der Händler wissen, dass das beworbene Produkt eine Nachahmung ist. Der Händler muss also absichtlich über die betriebliche Herkunft des Nachahmungsprodukts täuschen. Nicht ausreichend ist es daher für einen Verstoß, wenn der Händler fahrlässig nicht wusste, dass ein Nachahmeprodukt vorliegt (er wusste es nicht, hätte es aber wissen können).

Schneeball- oder Pyramidensystem (Nr. 14)

Die neue Vorschrift regelt ein Verbot, das bereits im UWG enthalten ist. Nach § 16 UWG ist die sog. progressive Kundenwerbung strafbar:

- Bei einem Schneeballsystem schließt der Unternehmer erst einen Vertrag mit dem Erstkunden ab und dann durch dessen Vermittlung Verträge mit weiteren Kunden.
- Beim Pyramidensystem schließen die Erstkunden mit Dritten eigene Verträge, aus denen dann Provisionen für den Unternehmer resultieren. Dem Verbraucher wird der Eindruck vermittelt, dass er selbst einen Gewinn erzielen kann, obwohl dies rein rechnerisch wegen des progressiven Anwachsens der Teilnehmer nur für Personen möglich ist, die an der Spitze der Pyramide stehen.

Durch das Kettenelement erlangt die Werbung einen fortschreitenden Charakter. Abzugrenzen von der verbotenen progressiven Kundenwerbung sind die legalen Ausprägungen des Strukturvertriebs (Multi-Level-Marketing). Erlaubt sind Systeme, denen kein progressives Vergütungssystem zugrunde liegt. Wenn ein Verkäufer neben der Marge aus dem Verkauf einmal eine Provision dafür erhält, dass er einen neuen Verkäufer angeworben hat, fehlt das progressive Element. Wenn der Verkäufer aber auch an jedem weiteren Verkauf des Zweit-, Dritt-, Viertkäufers etc. profitiert, ist das System verboten.

Scheinräumungsverkauf (Nr. 15)

Verbraucher assoziieren eine Geschäftsaufgabe in der Regel damit, dass der Unternehmer seine Warenbestände zu besonders günstigen Konditionen abgeben werde. Beim verbotenen Scheinräumungsverkauf kommt es nicht darauf an, ob der Unternehmer im Hinblick auf die angebliche Geschäftsaufgabe oder Verlegung seiner Geschäftsräume mit besonders günstigen Angeboten geworben hat, sondern allein darauf, ob die Angabe der Verlegung oder Geschäftsaufgabe unzutreffend ist. Dieser Nachweis ist freilich fast nie zu führen, da der Unternehmer nach einem Räumungsverkauf sein Geschäft mit der Behauptung fortsetzen kann, er habe seine Pläne später geändert.

Erhöhung der Gewinnchancen durch Warenerwerb (Nr. 16)

Es ist verboten, den Anschein zu erwecken, dass durch den Einsatz eines bestimmten Produktes die Gewinnchancen bei Glücksspielen steigen. Glücksspiele sind Spiele, bei denen der Gewinn vom Zufall abhängt und die Aussicht auf einen Gewinn anders als bei Wettbewerben, Preisausschreiben und Gewinnspielen einen geldwerten Einsatz voraussetzt.

Beispiele: Vorgaukeln von Gewinnchancen

 Unzulässig ist die Werbung für ein System, das vorgaukelt, die Gewinnchancen beim Roulette zu erhöhen, oder ein Buch zur astrologischen Berechnung der persönlichen Lotto-Gewinntage.

Die Vorschrift umfasst nicht den Fall, dass die Teilnahme an einem Gewinnspiel vom Erwerb einer Ware abhängig gemacht wird („Koppelungsverbot"). Dieses Verhalten ist aber ohnehin nach § 4 Nr. 6 UWG verboten.

Irreführung über den Gewinn bei einem Preisausschreiben (Nr. 17)

Es soll verhindert werden, dass der Verbraucher zur Teilnahme an Wettbewerben oder Preisausschreiben veranlasst wird, bei denen entweder

- die beschriebenen Preise von vornherein nicht gewonnen werden können, weil sie nicht vergeben werden, oder
- bei denen der Preis oder Vorteil jedenfalls von einer Geldzahlung oder einer Kostenübernahme abhängt.

Dem Verbraucher wird in diesen Fällen der Eindruck vermittelt, dass ihm ein Gewinn oder sonstiger Vorteil schon sicher sei, während das in Wirklichkeit nicht zutrifft. Die Vorschrift wird jedoch nicht angewendet, wenn der Verbraucher darüber aufgeklärt wurde, dass er im Falle des Gewinns gewisse Kosten zu tragen hat. Der Gewinn muss aber in dieser Konstellation schon sicher feststehen. Zulässige Kosten können beispielsweise Anreisekosten zur Abholung des Gewinns sein. Die Kopplung der Teilnahme an eine Gegenleistung ist bereits gem. § 4 Nr. 6 UWG verboten.

Unwahre Angabe über die Heilungswirkung einer Ware (Nr. 18)

Diese Vorschrift ist nun vorrangig vor den bereits bestehenden Verboten der irreführenden Gesundheitswerbung nach dem Arzneimittelgesetz, Heilmittelwerbegesetz oder dem Lebens- und Futtermittelgesetzbuch anzuwenden. Diese Gesetze verbieten es, Arzneimitteln eine therapeutische Wirksamkeit oder Wirkungen beizumessen, die sie nicht haben, bzw. sie enthalten das Verbot, mit Aussagen zu werben, die sich auf die Beseitigung, Linderung oder Verhütung von Krankheiten beziehen. Der Vorrang der Nr. 18 bedeutet, dass unwahre Angaben über die Heilungswirkung ohne Abwägung jetzt immer verboten sind.

Unwahre Angabe über Marktbedingungen oder Bezugsquellen (Nr. 19)

Nach dieser Vorschrift sind beispielsweise falsche Angaben zu einer unverbindlichen Preisempfehlung des Herstellers oder zu dem durchschnittlichen Marktpreis verboten. Ebenso unter das Verbot fällt die unzutreffende Aussage, dass der Hersteller ein bestimmtes Produkt generell nur zu gewissen Bedingungen abgebe, die bei allen Händlern identisch seien.

Scheingewinne bei Preisausschreiben (Nr. 20)

Die Vorschrift will verhindern, dass der Verbraucher zur Teilnahme an „Wettbewerben" und „Preisausschreiben" veranlasst wird, obwohl von vornherein die beschriebenen Preise nicht zu gewinnen sind, weil sie gar nicht vergeben werden. Im Unterschied zu Nr. 17 setzt Nr. 20 einen Wettbewerb oder ein Preisausschreiben voraus. Ein Wettbewerb bzw. Preisausschreiben liegt vor, wenn ein Preis von einer gewissen Leistung abhängig gemacht oder mit einem Zufallsmoment gekoppelt wird. Die Vorschrift greift auch ein, wenn der Unternehmer die Preise trotz Ankündigung wider Erwarten nicht oder nicht in ausreichender Anzahl vergeben kann. Ein Brief mit der wahrheitswidrigen Aussage „Sie haben gewonnen!" fällt dagegen unter Nr. 17.

Angebot einer Ware als „gratis", „umsonst" oder „kostenfrei", wenn Kosten anfallen (Nr. 21)

Die Regelung betrifft einen Sonderfall der Irreführung über die Berechnung des Preises. Fallen für den Verbraucher überraschend Kosten an, ist die Auslobung eines Angebots als „gratis", „umsonst", „kostenfrei", „Geschenk", „kostenlos", „0,00 Euro" verboten. Wenn z. B. ausschließlich Abhol- oder Transportkosten berechnet werden, kann mit der Kostenfreiheit geworben werden.

Als Rechnungen getarnte Angebote (Nr. 22)

Häufig werden als Rechnungen getarnte Angebote verschickt, die dazu führen, dass die Empfänger irrtümlich bezahlen, weil sie glauben, dazu verpflichtet zu sein. Durch die Zahlung kommt indes erst der Vertrag zu Stande. Dieser Unsitte wollte der Gesetzgeber begegnen. Werbebotschaften unter Beifügung einer Rechnung sind daher jetzt unzulässig, wenn damit der unrichtige Eindruck erweckt wird, es liege bereits eine Bestellung vor. Unerheblich ist dabei, ob es sich bei der Übersendung der Rechnung oder des rechnungsähnlich aufgemachten Angebots um ein von Anfang an auf Täuschung angelegtes Gesamtkonzept handelt, um von Folgeverträgen zu profitieren. Das Verbot wird aber häufig nicht greifen, weil es voraussetzt, dass zusammen mit der Zahlungsaufforderung auch Werbematerial zugeschickt wird. Dies ist aber häufig nicht der Fall.

Täuschung über die Unternehmereigenschaft (Nr. 23)

Verbraucher sind oft aufgeschlossener, eine bestimmte Ware oder Dienstleistung zu erwerben, wenn der Eindruck entsteht, dass kein kommerzieller, sondern ein anderer Zweck dahinter steht, beispielsweise ein sozialer oder humanitärer. Wer am Markt mit Gewinnstreben, also als Unternehmer tätig ist, darf dies nach außen nicht verschleiern. Der Wortlaut der Vorschrift ist sehr weit. Darunter fiele auch der Fall, dass ein Antiquitätenhändler auf einem Flohmarkt Möbel von privaten Anbietern unter der Behauptung kauft, er erwerbe die Möbel für sein eigenes Wohnzimmer.

Es besteht allerdings keine Pflicht, auf die Unternehmereigenschaft hinzuweisen. Ein bloßes Schweigen darüber ist nicht verboten. Im Beispiel des Antiquitätenhändlers reicht es also aus, wenn er gar nichts sagt, um das Verbot zu umgehen. Er muss seine Händlereigenschaft nicht offenlegen. Über die Verbrauchereigenschaft getäuscht werden kann auch im Internethandel. Wer etwa wahrheitswidrig bei eBay behauptet, er versteigere den Nachlass seiner Großmutter, obwohl er in Wirklichkeit Waren von Dritten angekauft hat, um sie über das Internet abzusetzen, verstößt gegen die Vorschrift. Auch kommerzielle Internetseiten, die einen „privaten Anschein" erwecken, fallen unter das Verbot.

Täuschung über Kundendienstleistungen im Ausland (Nr. 24)

Der praktische Anwendungsbereich dieser Vorschrift ist gering, da im Wesentlichen Irreführungen im grenzüberschreitenden Rechtsverkehr von ihr umfasst sind.

Beispiel: Kein Kundendienst im Ausland

Dem Verbot unterfällt der Fall, dass jemand in Deutschland für sein italienisches Ferienhaus eine Waschmaschine kauft und der Verkäufer wahrheitswidrig behauptet, es gebe einen Kundendienst in Italien.

Der Grund für diese Regelung ist, dass ein Auslandskundendienst einen erheblichen Wert hat und für die Kaufentscheidung relevant sein kann. Die in Deutschland zuvor bestehende Rechtslage hat sich durch diese Vorschrift nicht geändert, sondern war vom allgemeinen Irreführungsverbot umfasst.

Aggressive Geschäftspraktiken

Hindern am Verlassen von Räumlichkeiten (Nr. 25)

Der Verkäufer darf das Ladenlokal nicht abschließen oder das Lokal so geschickt baulich anlegen, dass der Kunde den Ausgang nicht finden kann. Der Unternehmer soll keine Zwangslage des Verbrauchers ausnutzen dürfen. In der Regel ist bei einem solchen Verhalten gleichzeitig der Straftatbestand der Nötigung erfüllt. Grund für die Regelung waren aggressive Verkaufspraktiken auf sog. Kaffeefahrten.

Nichtverlassen der Wohnung des Verbrauchers (Nr. 26)

Wer sich weigert, trotz entsprechender Aufforderung die Wohnung des Kunden zu verlassen, begeht auch eine Straftat, etwa Hausfriedensbruch oder Nötigung. Die Vorschrift greift jedoch schon unterhalb der Strafbarkeitsschwelle ein.

Verlangen von irrelevanten Unterlagen bei Eintreten des Versicherungsfalls (Nr. 27)

Es dürfen vom Kunden keine Versicherungsunterlagen verlangt werden, die zum Nachweis des Anspruchs nicht erforderlich sind. Verboten ist es auch, Anspruchsschreiben des Kunden systematisch nicht zu beantworten. Diese Vorschrift bringt eine Neuerung. Leistungsverweigerungen dieser Art waren im UWG bisher nicht geregelt, da nachvertragliches Verhalten nicht erfasst war. Die Vorschrift bindet nur Versicherungen. Zweck der Vorschrift: Es sollen keine ungerechtfertigten Hürden aufgebaut werden, um Ansprüche aus einem Versicherungsvertrag geltend zu machen. Hintergrund ist, dass Verbraucher bei hohem administrativem Aufwand möglicherweise auf die ihnen zustehenden Ansprüche verzichten. Bisher wird vertreten, dass eine „systematische Nichtbeantwortung einschlägiger Schreiben" seitens einer Versicherung vorliegt, wenn mindestens zwei Schreiben unbeantwortet geblieben sind. Als Antwortfrist wird man wohl vier Wochen ansetzen können.

Veranlassung von Kindern zum Kauf (Nr. 28)

Die Aufforderung an Kinder, die beworbene Ware zu kaufen oder die Erziehungsberechtigten der Kinder zum Kauf zu veranlassen, ist jetzt unter jeden Umständen verboten. Bisher war das nur der Fall, wenn die Unerfahrenheit der Kinder ausgenutzt wurde. Mit der Neuregelung soll verhindert werden, dass sich Erwachsene von ihren Kindern zum Kauf bestimmter Produkte überreden lassen. Es ist nämlich für Erwachsene deutlich leichter, sich der allgemeinen Werbung zu widersetzen als den Wünschen ihrer Kinder.

Beispiel: Das ist verboten, das ist erlaubt

Verboten sind jetzt die Aufforderungen „Hol' Dir den Schokoriegel von ... für die große Pause" oder „Frag Mama nach der neuen Coke".

Ein bloßer Appell ohne Information über das konkrete Produkt fällt dagegen nicht unter die Vorschrift: "Trink Milch, denn Milch ist gesund")

Als Kinder im Sinne der Regelung sind wohl Personen unter 14 Jahren anzusehen.

Aufforderung zur Bezahlung nicht bestellter Waren (Nr. 29)

Die Aufforderung zur Bezahlung gelieferter, aber nicht bestellter Waren oder Dienstleistungen oder eine Aufforderung zur Rücksendung oder Aufbewahrung nicht bestellter Sachen ist verboten, weil hier wahrheitswidrig der Eindruck erweckt wird, es bestünden bereits vertragliche Beziehungen. Zum anderen wird durch so ein Verfahren der Umstand ausgenutzt, dass es einem Verbraucher unangenehm oder lästig sein kann, einmal erhaltene Sachen zurück zu geben.

Angabe, dass der Arbeitsplatz bei Nichterwerb der Ware gefährdet sei (Nr. 30)

Behauptet z. B. ein Vertriebsmitarbeiter, dass sein Job in Gefahr sei, wenn es nicht zu einem Vertragsabschluss komme, ist dies verboten. Ob die Existenz des Unternehmens oder des Jobs tatsächlich gefährdet ist, ist unerheblich. Ein solches Verhalten war schon früher wegen der unzulässigen Ausübung moralischen Drucks unlauter. Auf dem Verbraucher lastet dann nämlich der Druck, dass er die Ware kaufen muss, um nicht als unsolidarisch oder hartherzig zu gelten. Der Verbraucher soll seine Kaufentscheidungen aufgrund der Leistung und nicht aufgrund sachwidriger Umstände und aus Mitleid heraus treffen. Erfasst werden von dieser Vorschrift nicht nur die Unternehmer selbst, sondern auch dessen Mitarbeiter.

Auch der Direktvertrieb von Produkten an der Haustür („Drückerkolonnen") ist von der Vorschrift umfasst.

Sonstige aggressive oder irreführende Geschäftspraktiken

Die Geschäftspraktiken in der Schwarzen Liste sind zwar immer verboten, im Umkehrschluss heißt dies jedoch nicht, dass alle anderen Praktiken erlaubt sind. Neben der Schwarzen Liste existieren noch die wettbewerbsrechtliche Generalklausel des § 3 UWG und der „Unlauterkeits-Katalog" der §§ 4 bis 7 UWG.

Verboten ist also die Abweichung von Verhaltensweisen, die in der jeweiligen Branche üblicherweise erwartet werden können und die dazu führen, dass der Verbraucher eine Entscheidung trifft, die er bei vollständiger Information nicht getroffen hätte. Hinsichtlich des Branchenstandards ist anzumerken, dass es hier nicht darauf ankommt, wie sich die Unternehmen in Wirklichkeit verhalten, sondern wie sie sich verhalten sollten. Unternehmer können sich also nicht damit verteidigen, dass ihre Wettbewerber sich ebenfalls wettbewerbswidrig verhalten und somit der Branchenstandard generell niedrig sei. Es ist insofern von den rechtmäßigen Gepflogenheiten der Branche auszugehen.

Auf einen Blick: Was ist neu im Wettbewerbsrecht?

- Wichtige Neuregelungen haben es sich zum Ziel gesetzt, den Verbraucherschutz europaweit deutlich anzuheben. Hiervon sind alle Unternehmen aller Branchen betroffen.

- Rechtsverstöße in den AGB eines Unternehmens sind jetzt immer auch ein Wettbewerbsverstoß, ebenso bestimmte Markenrechtsverletzungen. Das erhöht die Abmahnquote.

- Geahndet werden können jetzt auch Wettbewerbsverstöße bei und nach Vertragsschluss. Früher war nur die Verfolgung wettbewerbswidriger Handlungen bei Vertragsanbahnung möglich.

- Eine neue Schwarze Liste weist 30 irreführende und aggressive Geschäftspraktiken gegenüber Verbrauchern als verbotene und damit wettbewerbswidrige Handlungen aus – ohne Abwägung und ohne Ausnahmen.

So nutzen Sie fremde Inhalte in der Werbung

Oft fehlt es an Zeit und an Budget, für Werbung neue Bilder, Texte, Musik oder Grafiken gestalten zu lassen. Gerne greifen Unternehmen daher auf fremde Inhalte zurück. Diese sind aber meistens urheberrechtlich geschützt. Gut zu wissen, welche Besonderheiten Sie bei der Verwendung beachten müssen.

Sie erfahren im folgenden Kapitel,

- wie Sie Texte von anderen in Ihre Werbung einbinden können (ab S. 72),
- welche Besonderheiten bei Fotografien (ab S. 78) und Musik (ab S. 86) gelten,
- wie Sie fremde Multimedia-Werke, z. B. Filme, legal integrieren können (ab S. 87) und
- wie man sich die eigene Wunschdomain sichert, ohne die Rechte anderer zu verletzen (ab S. 94).

Was sind Urheberrechte?

Persönliche geistige Schöpfungen, insbesondere Werke der Literatur, Wissenschaft und Kunst werden durch das Urheberrecht geschützt. Unterliegen die Werke dem Urheberrechtsschutz, dann dürfen sie ohne Einwilligung des Berechtigten z. B. weder vervielfältigt, noch verbreitet, noch im Internet zugänglich gemacht werden.

> Für den Urheberschutz ist keine Hinterlegung in einem Register erforderlich. Er entsteht automatisch mit Vollendung des Werkes, ohne dass es weiteren Zutuns des Schöpfers bedarf. Es ist ein weitverbreiteter Irrtum, dass das Urheberrecht „registriert" werden muss.

Der Schutz dauert 70 Jahre nach dem Tod des Urhebers an. Danach dürfen die Werke von jedermann ohne Genehmigung verwendet werden. So dürfen z. B. Werke von Goethe oder Schiller, auch in Teilen, unproblematisch in der Werbung verwendet werden.

Texte

Auch dem Schöpfer von Texten steht das Urheberrecht zu, allerdings nur, wenn es sich bei den Texten um Sprachwerke handelt, die eine gewisse Originalität aufweisen. Nicht vom Schutz umfasst sind Alltagstexte und „Dutzendware". Daher haben in der Regel z. B. Gebrauchsanweisungen keinen Urheberrechtsschutz. Hier wird keine schöpferische Leistung erbracht, sondern es wird lediglich darstellt, welche Schritte auszuführen sind, damit ein bestimmtes Ergebnis erreicht wird. Bei urheberrechtlich geschützten Texten stehen dem Urheber des Werkes die Verwertungs- und Verbietungsrechte zu. Er kann die Nutzungsrechte an Dritte übertragen.

Verwendet man fremde Texte ohne Genehmigung, besteht immer ein gewisses Risiko, dass diese in einem Rechtsstreit von einem Gericht als schutzfähig eingestuft werden und damit eine rechtwidrige Verwendung vorliegt. In Zweifelsfällen lohnt es sich, den Rechtsrat eines spezialisierten Rechtsanwalts einzuholen. Anhand von Beispielen beleuchten wir im Folgenden die Urheberrechtsschutzfähigkeit von Texten.

Veränderung von Texten

Es ist für die Verwendung von urheberrechtlich geschützten fremden Texten unabdingbar, entweder bei den Urhebern der Werke eine Erlaubnis für die Verwendung einzuholen oder aber selbst daraus kreativ ein eigenes neues Werk zu schaffen. Das alte Werk darf nur als Vorlage oder Inspiration genommen werden, solange das (alte) Werk hinter dem (neuen) Werk verblasst und kaum noch wahrzunehmen ist. Dann liegt eine erlaubte freie Nutzung in Form einer „freien Bearbeitung" vor. Hiervon umfasst ist auch eine Auseinandersetzung mit dem bestehenden Werk, etwa in Form einer Satire. Wichtig ist, dass hierbei der „innere Abstand" zum alten Text klar hervortritt.

Werbetexte

Die Schutzfähigkeit von Werbetexten hängt sehr vom Einzelfall ab. Ein paar Zeilen mit allgemeinen Werbebotschaften und Kaufappellen reichen nicht aus, um eine Schutzfähigkeit nach dem Urheberrecht zu begründen. Die Texte eines kompletten Geschäftsberichtes werden dagegen regelmäßig geschützt sein.

Beispiel: Text ohne Urheberrechtsschutz

> Nicht urheberrechtsschutzfähig wäre folgender Text, da er nur allgemeine Anpreisungen enthält und er sich nicht von ähnlichen Werbetexten unterscheidet: „Testen Sie unser innovatives Produkt, den neuen Stabmixer XLM 5000. Mit seinen geringen Grundgeräuschen gehört er zu den leisesten Handmixern der Welt. Sie werden seine komfortable Bedienung schnell schätzen lernen. Zerkleinern Sie in kürzester Zeit Obst und Gemüse und lassen Sie sich von dem beiliegenden Rezeptbuch inspirieren."

Faustregel: Urheberschutz von Werbetexten

- Je länger der Text ist, umso eher kann er Urheberschutz beanspruchen, weil der ihm zugrunde liegende Spielraum für eine individuelle schöpferische Prägung größer ist.

- Je origineller der Text ist, also je mehr er sich von anderen Texten seiner Art abhebt, umso eher ist er schutzfähig.

Sonderfall Werbeslogans

Werbeslogans sind in der Regel nicht urheberrechtsfähig. Vor vielen Jahren wurde dem Spruch „Ein Himmelbett im Handgepäck" für einen Schlafsack oder „Biegsam wie ein Frühlingsfalter bin ich im Forma-Büstenhalter" Urheberschutzfähigkeit zugebilligt, heute würden diese Entscheidungen aber so nicht mehr von Gerichten getroffen werden. Im Einzelfall können Slogans jedoch markenrechtlich geschützt werden oder aufgrund des Wettbewerbsrechts bei besonderer Eigenart Schutz beanspruchen.

Beispiel: Schutzfähige Slogans

Als markenrechtlich schützbar erachtet wurden:
„Radio von hier, Radio wie wir"
„Partner with the Best"
„Lass' Dir raten, trinke Spaten"

Gedichte, Romane, Theaterstücke, Liedtexte

Von Urheberrecht regelmäßig geschützt sind Liedtexte, Gedichte, Romane und Theaterstücke, also alle Werke der Literatur. Bei ihnen liegt meistens die für den Urheberschutz erforderliche sog. Schöpfungshöhe vor, da die Texte Raum für Originalität und Individualität bieten. Gedichte sind geschützt, da sich in ihnen die schöpferische Kraft der Sprache verdichtet findet. Wenn für Werbebroschüren und Anzeigen sowie Webseiten auf solche Werke zurückgegriffen wird, ist die Zustimmung des Rechteinhabers erforderlich, es sei denn, der Autor ist schon länger als 70 Jahre verstorben oder es liegt ausnahmsweise ein Zitat vor. Ein Zitat muss den Zweck haben, eine bestimmte Tatsache zu belegen. Ferner muss sich der Umfang des Zitats auf das Nötigste beschränken. Es darf also nicht der das gesamte Werk oder weite Teile davon unter dem Deckmantel des Zitatrechts genutzt werden.

Zeitungs- und Zeitschriftenartikel

Gerne werden Geschäftsbroschüren und Webseiten mit Zeitungsartikeln über das werbende Unternehmen illustriert. Auch hier ist besondere Vorsicht geboten, da die großen Zeitungsverlage die Nutzung von Artikeln überwachen und Unternehmen abmahnen, die die Werke widerrechtlich verwenden. Zeitungs- und Zeitschriftenartikel sind in der Regel persönliche geistige Schöpfungen und fallen unter den Schutz des Urhebergesetzes. Daher muss die Zustimmung des Verlages eingeholt werden, bevor der Artikel im Rahmen der Werbung publiziert werden darf. Der Abdruck von Zitaten aus Zeitungsartikeln ist dagegen zulässig.

Beispiel: Zulässiges Zitat

Aus einem zweispaltigen Artikel einer Tageszeitung dürfte z. B. zitiert werden:
„Ole von Beust lobte das Unternehmen für seine besondere Innovationskraft: ‚Wir freuen uns, dass auf diese Weise in Hamburg Arbeitsplätze in der Innovationsbranche der Computerspiele geschaffen wurden' (Hamburger Abendblatt vom 4. Januar 2010)"

Um sich auf das Zitatrecht berufen zu können, muss die Quelle des Zitats angegeben werden, z. B. Autor, Buchtitel und Erscheinungsjahr bzw. Titel des Zeitungsartikels, Name der Zeitung, Erscheinungsdatum.

Webseiten

Internetpräsenzen und ähnliche Benutzeroberflächen wie z. B. Portale oder Homepages sind regelmäßig nicht geschützt. Normalerweise hebt sich ihr Design nicht deutlich von der auch bei der Konkurrenz üblichen Gestaltung ab. Daher hat ein Webdesigner in der Regel kein Urheberrecht am Look-and-Feel der programmierten Seite. Auch wenn die Webseite als Ganzes nicht geschützt ist, können natürlich Teile davon schutzfähig sein, z. B. Texte oder Fotos. Weiterhin kann ein Schutz als Datenbankwerk (Begriff aus dem Urheberrechtsgesetz für die Schöpfung einer Sammlung von Daten) in Betracht kommen.

> Um der Diskussionen zu entgehen, ob ein Webdesigner Leistungen erbracht hat, die urheberschutzfähig sind, sollten sich Unternehmen im Vertrag mit dem Webdesigner das Eigentum am Quellcode übertragen lassen sowie das Recht, diesen Code zu bearbeiten, also die Seite auch ohne Zustimmung des Webdesigners später selbstständig ändern zu dürfen.

Ein Urheberrecht steht dem Webdesigner in der Regel an dem Quellcode zu. Daher ist es unzulässig, den Quellcode der Seite zu übernehmen. Zulässig ist dagegen, die Seite „nachzuprogrammieren". Grenzen der Übernahme der Optik zeigt das Wettbewerbsrecht auf, nämlich die Fallgruppe der unzulässigen Nachahmung. Wer das Look-and-Feel einer Seite kopiert, deren Design im Internet als Herkunftshinweis für ein bestimmtes Unternehmen angesehen wird, handelt wettbewerbswidrig.

Beispiel: Kopieren des Look-and-Feel einer Seite

 Wer das Look-and-Feel von facebook.com oder amazon.com inklusive der Farbwahl und des Seitenaufbaus nachprogrammierte, würde also wettbewerbswidrig handeln. Eine Klage von Facebook gegen das Netzwerk StudiVZ wurde jedoch zurückgewiesen, da die Übereinstimmungen nicht ausreichend groß waren, um eine Verletzung zu begründen.

Wissenschaftliche Texte und Studien

Wissenschaftliche Lehren und Erkenntnisse sind nicht urheberrechtlich schützbar. Schutzfähig können allerdings wissenschaftliche Ausarbeitungen sein, wenn die Art der Darstellung schöpferisch ist. Das ist regelmäßig bei wissenschaftlichen Aufsätzen in Fachzeitschriften der Fall. Auch die Ausarbeitungen von Studien sind urheberrechtlich schutzfähig.

Fotografien

Bei der Nutzung von Fotografien ist zu unterscheiden, ob der Fotograf Rechte geltend machen kann und ob abgebildete Personen Rechte haben.

Rechte des Fotografen

Produkte von Fotografen sind im Urhebergesetz auf zwei verschiedene Arten geschützt. Es gibt Lichtbilder und Lichtbildwerke:

- Bei Lichtbildwerken entsteht der urheberrechtliche Schutz, wenn eine geistige und künstlerische Schöpfungshöhe erreicht ist, d.h. im Bild die Kreativität und Individualität des Schöpfers explizit zum Ausdruck kommen. Ein Lichtbildwerk liegt vor, wenn z. B. eine besondere Einstellung, ein besonderer Winkel, besonderer Lichteinfall gewählt wird. Das Foto muss sich also von einem Alltagsfoto abheben und einem besonderen schöpferischen Anspruch genügen. Fotos von Profifotografen sind in der Regel Lichtbildwerke.
- Dagegen handelt es sich bei Lichtbildern um alle übrigen Fotos, also solche ohne besonderen künstlerischen Anspruch. Unter diese Kategorie fallen auch Schnappschüsse mit dem Fotohandy oder private Urlaubsfotos.

Ob ein Lichtbildwerk oder ein Lichtbild vorliegt, hat nur wenig praktische Konsequenz. Der einzige Unterschied liegt darin, dass Lichtbildwerke länger geschützt sind, nämlich 70 Jahre nach dem Tod des Fotografen und Lichtbilder nur 50 Jahre ab Entstehen der Aufnahme. In der Praxis spielt das allerdings kaum eine Rolle, da die Fotos, die für Werbung verwendet werden sollen, nicht so alt sind.

> Jedes Foto ist geschützt, egal wie künstlerisch wertvoll die Aufnahme ist. Auch Hobbyfotografen müssen daher gefragt werden, bevor ihre Fotos verwendet werden dürfen.

Der Verwender muss sich darum bemühen, die Nutzungserlaubnis vom Rechteinhaber einzuholen. Wenn beim Foto kein Hinweis auf den Urheber zu finden ist, heißt das noch lange nicht, dass man das Foto ohne Erlaubnis verwenden darf. Die

Einwilligung muss sich konkret auf die beabsichtigte Nutzung, also insbesondere die Werbezwecke, beziehen. Sie ist im Zweifel eng auszulegen.

Rechte der abgebildeten Personen

Nicht nur der Fotograf, sondern auch die auf den Fotos abgebildeten Personen können Rechte haben.

Lebende Personen

Wenn auf den Fotos zu Werbezwecken Personen abgebildet sind, müssen diese in die Veröffentlichung ausdrücklich einwilligen. Eine stillschweigende Einwilligung genügt nicht. Dies ist im Kunsturhebergesetz verankert. Wenn keine Einwilligung vorliegt, stehen den Betroffenen Unterlassungsansprüche und Schadensersatzansprüche zu.

Der Bildnisschutz greift auch ein, wenn keine Fotos, sondern Zeichnungen verwendet werden, auf denen die Person identifizierbar ist. Im Übrigen können die Regelungen auch nicht durch Verwendung von Look-Alikes umgangen werden, also von Personen, die bekannten Persönlichkeiten ähnlich sehen. Es gibt allerdings ein paar Ausnahmen von diesen Regeln, und zwar bei

- Bildern von Personen, die im Zusammenhang mit zeitgeschichtlichen Ereignissen stehen (also sog. Prominente),
- Bildern von Personen auf Versammlungen, Aufzügen etc.,
- Bildern, auf denen Personen als Beiwerk neben einer Landschaft oder einem anderem Ort erscheinen.

Beispiele: Ausnahmen

Prominente
Bundeskanzler, Spitzensportler, Showgrößen, Fernsehunterhalter, Künstler, wichtige Politiker.

Versammlungen
Fußballspiel, Demonstration, Gemeindefest, Fastnachtsumzug, Rockkonzert. Erforderlich ist, dass sich die Personen zu einem gemeinsamen Zweck zusammengefunden haben. Eine bloße Ansammlung, z. B. eine Warteschlange an einer Kinokasse ist damit nicht gemeint, da hier nichts gemeinsam unternommen wird. Auch die Abbildung von Teilen der Veranstaltung ist zulässig, wenn insgesamt der Charakter der Veranstaltung eingefangen wird.

Personen als Beiwerk
Abbildung der Semper Oper in Dresden, vor der Oper sind am Rande des Fotos Personen zu sehen. Die Semper Oper muss das zentrale Motiv sein. Der entscheidende Faktor ist hier, dass sich nichts Wesentliches am Eindruck des Fotos ändert, wenn man sich die abgebildeten Personen wegdenkt.

Besonderheiten bei Prominenten

Die wichtigste Ausnahme ist, dass nach dem Kunsturhebergesetz bei „Personen der Zeitgeschichte" kein Zustimmungserfordernis gilt. Foto- und Filmaufnahmen solcher Personen dürfen ohne deren Einverständnis verbreitet werden. Soll jedoch mit dem Bild es Prominenten geworben werden, z.B. im Rahmen einer Anzeigenkampagne oder in Fernsehspots, gibt es Einschränkungen:

Grundsätzlich muss es niemand hinnehmen, ungefragt als Werbeobjekt eingesetzt zu werden, da die Freiheit des Prominenten gewährleistet werden muss, selbst entscheiden zu können, wie die eigene Person vermarktet wird (keine Zwangskommerzialisierung). Dies ist ein Ausfluss des allgemeinen Persönlichkeitsrechts. Dieser Schutz gilt allerdings nicht absolut und ausnahmslos. Es gibt eine Tendenz des Bundesgerichtshofes, wonach die Einwilligung der prominenten Persönlichkeit entbehrlich sein kann, wenn aktuelle Ereignisse im Zusammenhang mit diesen Personen humorvoll-satirisch kommentiert werden bzw. Werbung mit Berichterstattung zusammentrifft. Die Gerichte wägen daher ab zwischen dem Schutz der Persönlichkeit vor „Zwangskommerzialisierung" und der Gewährleistung des Interesses des Werbenden, im Rahmen von Werbung aktuelles Geschehen aufgreifen und kommentieren zu dürfen.

> Die Veröffentlichung von Bildnissen zu Werbezwecken ist daher nur zulässig, sofern eine Meinungsäußerung transportiert oder ergänzt wird. Auf diesen Aspekt kommt es entscheidend an.

Beispiel: Lafontaine gegen Sixt Beispiel

In dem wichtigen Fall Lafontaine ./. Sixt wandte sich der SPD Politiker Oskar Lafontaine gegen eine Werbung des Autovermieters Sixt. Die Werbeanzeige zeigte 16 Mitglieder des damaligen Bundeskabinetts einschließlich des gerade zurückgetretenen Finanzministers Oskar Lafontaine, dessen Foto allerdings als einziges mit einem X durchgestrichen, aber dennoch erkennbar abgebildet war. Das Landgericht und das Oberlandesgericht hatten Lafontaine ursprünglich 100.000 Euro Schadensersatz zugesprochen. Der Bundesgerichtshof hob die Urteile jedoch wieder auf.

Der Bundesgerichtshof vertrat im Fall Lafontaine die Auffassung, dass das Bildnis nicht ausschließlich den Geschäftsinteressen des werbenden Unternehmens diene, sondern neben dem Werbezweck einen Informationsgehalt für die Allgemeinheit aufweise. Damit sah das Gericht die Werbeanzeige vom Schutzbereich der Meinungsfreiheit umfasst, der sich dann auch auf kommerzielle Meinungsäußerungen und reine Wirtschaftswerbung erstreckt, die einen wertenden, meinungsbildenden Inhalt haben, und zwar auch auf die Veröffentlichung eines Bildnisses, das die Meinungsäußerung transportiert oder ergänzt. Sixt habe sich in der Werbung mit dem Rücktritt Lafontaines in satirischer Form auseinandergesetzt. Aus diesem Grund lag hier keine Verdrängung des meinungsbildenden Inhalts durch den offensichtlichen Werbezweck der Anzeige vor. Anders als im nächsten Beispiel.

Beispiel: Joschka Fischer gegen „Die Welt"

Die Zeitung „Die Welt" warb ohne dessen Einwilligung mit dem Bildnis von Joschka Fischer für die Zeitung „Welt Kompakt". Die Werbeanzeige zeigte ein digital verjüngtes Bild des Politikers. Joschka Fischer wurden dafür vom Landgericht Hamburg 200.000 Euro zugesprochen. Die Begründung der Richter: Die Werbung unterrichtet nicht über eine konkrete Berichterstattung, die sich mit dem Kläger selbst befasst, sondern das Bildnis erscheint nur als allgemeiner Anknüpfungspunkt für den potenziellen Inhalt einer solchen Zeitung und ist insofern inhaltsleer und austauschbar. Es fehlt somit am redaktionellen Bezug, die Abbildung ist bloßes Werbemittel. Eine politische Auseinandersetzung findet nicht statt.

Wie wird der Schaden berechnet?

Meist wird bei der Schadensberechnung auf die sog. fiktive Lizenzanalogie zurückgegriffen. Der Schaden beläuft sich somit auf einen Betrag, den der ordnungsgemäße Erwerb einer Lizenz für die vorgenommene Nutzung erfordert hätte.

Beispiele: Zugesprochene Summen

Boris Becker
Das OLG München hat 158.000 DM Lizenzgebühr bei unerlaubter Werbung mit dem Bildnis Boris Beckers auf einem in einem Prospekt (Auflage 236.000, Beilage in einer großen Tageszeitung) abgebildeten Fernsehbildschirm als angemessen angesehen.

Ernst August von Hannover
Das OLG Hamburg hat Ernst August von Hannover 60.000 Euro entgangene Lizenz für die Lucky Strike Werbung mit einer zerknüllten Zigarettenschachtel mit dem Aufdruck „War das Ernst? Oder August?" zugesprochen. Der Bundesgerichtshof hat die Entscheidung mit dem Argument des Vorrangs der Meinungsfreiheit aber wieder aufgehoben.

Verstorbene Personen

Die Persönlichkeit Verstorbener wird durch das sog. postmortale Persönlichkeitsrecht sowie durch seine besonderen Erscheinungsformen, wie z. B. das Recht am eigenen Bild, geschützt. Das Lebensbild Verstorbener wird auch nach deren Tod durch einen allgemeinen Wert- und Achtungsanspruch geschützt. Das postmortale Persönlichkeitsrecht schützt auch Persönlichkeitsmerkmale wie Name und Stimme. Wird das Persönlichkeitsrecht des Verstorbenen verletzt, können Angehörige Unterlassung und die Erben Schadensersatz verlangen.

Der Schutz für die sog. vermögenswerten Bestandteile des postmortalen Persönlichkeitsrechts ist auf 10 Jahre begrenzt.

Die Frage, ob und unter welchen Voraussetzungen geschützte Persönlichkeitsmerkmale durch Dritte benutzt werden dürfen, war unter anderem Gegenstand folgender Entscheidungen.

Beispiele: Verbotene Werbung mit Verstorbenen

Heinz Erhardt
Das OLG Hamburg verneinte die Zulässigkeit der Verwendung der Stimme und charakteristischer Sprachelemente von Heinz Erhardt in einer Werbung auch 10 Jahre nach dessen Tod.

Konrad Adenauer
Das OLG Köln untersagte die Wahlwerbung für die Republikaner „Auch Konrad Adenauer und Kurt Schumacher würden deshalb heute die Republikaner wählen". Dies stelle eine grobe Entstellung des Lebensbildes des Altkanzlers dar.

Marlene Dietrich
Die Tochter von Marlene Dietrich wandte sich erfolgreich gegen die Nutzung des Bildnisses und Namens ihrer Mutter im Zusammenhang mit einem Musical, einem Fahrzeug und einer Kosmetikfirma. Der Bundesgerichtshof stellte fest, dass nicht nur die ideellen Bestandteile des Persönlichkeitsrechts nach dem Tod fortbestehen, sondern auch die vermögenswerten Interessen weiterhin geschützt werden.

Blauer Engel
Der Bundesgerichtshof urteilte, dass eine zu Werbezwecken genutzte Abbildung, in der eine berühmte Filmszene nachgestellt wird, der Einwilligung der Angehörigen in den folgenden 10 Jahren nach dem Tod der Abgebildeten bedarf. Das Bundesverfassungsgericht bestätigte diese Entscheidung

Klaus Kinski
Die Erben von Klaus Kinski wandten sich gegen die Verwendung der Domain www.klaus-kinski.de und verlangten Schadenser-

satz. Der Bundesgerichtshof wies die Klage ab, da der Schutz der vermögenswerten Bestandteile des postmortalen Persönlichkeitsrechts mit dem Ablauf von 10 Jahren nach dem Tod Klaus Kinskis erloschen sei.

Musik

Das Urheberrecht schützt Werke der Musik. Ausdrucksmittel von Musikwerken sind Töne jeglicher Art, die von Menschen geschaffen werden. Musikrichtung und Musikstil spielen bei der Definition eines musikalischen Werkes keine Rolle. Es sind daher Schlager genauso geschützt wie klassische Musik. Es kommt ausschließlich darauf, ob eine individuelle Schöpfung vorliegt. Der Maßstab ist hierbei relativ großzügig, da die Anzahl der Töne begrenzt ist. Schon relativ kurze Melodien fallen deshalb unter den Schutz des Urheberrechts. Daher können auch Werbe-Jingles bei entsprechender Schöpfungshöhe urheberrechtlichen Schutz genießen, z.B. der T-Online-Jingle aus fünf Tönen. Ein einzelner Ton reicht allerdings nicht aus. Mit welchen Mitteln die Musik erzeugt wird, ist unerheblich, daher ist nicht nur Gesang geschützt, sondern auch der Einsatz von Instrumenten jeglicher Art, mit denen Töne, Geräusche oder Klänge erzeugt werden können.

Wer einen Werbespot mit Musik unterlegt, ohne vorher die Zustimmung des Rechteinhabers eingeholt zu haben, setzt sich Unterlassungs- und Schadensersatzansprüchen aus. Klagen können der Komponist der Musik, der Urheber des Textes sowie die Musiker, die das Original eingespielt haben. Um die Lizenzierung zu erreichen, empfiehlt es sich, selbst oder über einen spezialisierten Rechtsanwalt die GEMA (www.gema.de) als größte Verwertungsgesellschaft für Musik zu kontaktieren. Sie verwaltet die Rechte von Urhebern, Künstlern und Produzenten. Gegen eine Gebühr können die erforderlichen Rechte erworben werden.

Filme und Videos

Durch das Urhebergesetz werden Filmwerke geschützt. Auch Filme, die keine besondere schöpferische Leistung enthalten, genießen Schutz, nämlich den sog. Laufbildschutz. Damit muss bei jedem Film, auch bei Amateurfilmen, um Zustimmung gebeten werden, bevor die Filme oder Teile daraus im Rahmen der Werbung verwendet werden können.

Beispiel: Vorsicht auch bei Amateurfilmen

In der Regel ist es nicht zulässig, ohne Einwilligung Filme zu verwenden, die auf Internet-Plattformen wie YouTube.com zugänglich sind.

Nutzungsverträge schließen

Der Schöpfer eines Werkes, also der Urheber, hat das Recht auf Verwertung seines Werkes: Dieses umfasst neben der Entscheidung darüber, ob sein Werk überhaupt veröffentlicht werden darf, auch die Verwertungsrechte, wie z. B. das Recht der Vervielfältigung, die körperliche Verbreitung, Ausstellung und öffentliche Wiedergabe, das Recht der öffentlichen Zugänglichmachung (im Internet) sowie die Bearbeitung des Werkes. Wer fremde Werke im Rahmen von Werbung nutzen will, muss die Zustimmung des Urhebers einholen. Der Urheber darf die Rahmenbedingungen der Verwertung festlegen.

Beispiel: Rechteeinräumung ist zweckbezogen

Wenn eine Werbeagentur für einen Kunden von einem Fotografen eine Serie für die Bewerbung eines Müsliriegels anfertigen lässt, bezieht sich regelmäßig auch die Rechteeinräumung auf diesen Zweck. In einem anderen Kontext dürfen die Fotos daher nicht ungefragt verwendet werden.

Üblicherweise werden zwischen Urheber und Werbendem Nutzungsverträge geschlossen. Hat der Urheber seine Rechte an einen Verwerter übertragen, so z. B. an eine Filmproduktion oder einen Verlag, sind die Rechte bei diesem Rechteinhaber einzuholen. Werden Art und Umfang der Nutzung nicht eindeutig festgelegt, muss im Einzelfall durch Vertragsauslegung festgestellt werden, welche Rechte eingeräumt wurden. Dabei ist die „Zweckübertragungstheorie" zu beachten: Werden die Nutzungsarten, auf die sich das Recht erstrecken soll, in einem solchen Vertrag nicht einzeln festgelegt, bestimmt sich der Umfang des Nutzungsrechts nach dem Zweck der Rechteübertragung. Damit soll der Schutz des Urhebers vor einer Ausbeutung seiner Rechte gewährleistet werden.

Werbende Unternehmen sollten daher genau auf die Formulierungen zur Rechteeinräumung achten. Um Streit zu vermeiden, müssen die Nutzungszwecke möglichst umfassend und detailliert aufgeführt sein.

Markennamen und -kennzeichen

Werbetreibende sollten sich davor hüten, fremde Marken oder Kennzeichen in einer Weise zu verwenden, die eine Verwechslung beim Empfänger auslösen können. Produkte und Dienstleistungen dürfen nicht unter Marken angeboten werden, die in Deutschland geschützt sind. Aus diesem Grund ist es immer erforderlich, vor der Verwendung von Marken in der Werbung eine Markenrecherche durchführen zu lassen.

> Entgegen einem weitverbreiteten Irrtum reicht dabei das Ergebnis, dass der Name nicht in identischer Schreibweise im Markenregister zu finden ist, nicht aus. Vielmehr können auch Markeninhaber Rechte geltend machen, wenn sie über Marken verfügen, die zwar nicht identisch, aber dem Markennamen ähnlich sind.

Besteht Verwechslungsgefahr?

Im Kern muss sich die Recherche daran orientieren, ob es eine Marke gibt, mit der der Werbungsempfänger das beworbene Produkt verwechseln wird. Markenrechtlich relevant sind allerdings nur solche eingetragenen Marken, die für die identischen oder ähnlichen Dienstleistungen oder Waren eingetragen sind. Ähnlich sind solche Waren und Dienstleistungen, bei denen davon ausgegangen werden kann, dass sie aus demselben Unternehmen stammen.

Beispiel: Ergebnis einer Recherche

Ein Unternehmer möchte unter der dem Namen www.i-fire.de eine neue Produktlinie von Büromöbeln über das Internet vertreiben. Eine Markenrecherche ergibt, dass dem Projekt nicht nur Marken mit dem Wortlaut „i-fire" entgegenstehen, die für Büromöbel geschützt sind, sondern auch Bezeichnungen, die klanglich und schriftbildlich ähnlich sind, etwa „ifire", „ei-feier", „i fires". Eine Marke „i-fire", die für Energy-Drinks geschützt ist, stellt für den Büromöbelhersteller indes kein Problem dar.

Im Rahmen der Frage, welche Waren und Dienstleistungen ähnlich sind, existiert eine umfangreiche Rechtsprechung. Insgesamt wird aufgrund der Gesamtsituation beurteilt, ob wegen der Nähe der Zeichen und der Nähe der Waren und Dienstleistungen eine Verwechslungsgefahr vorliegt.

Beispiele: Ähnliche Waren und Dienstleistungen

Ähnlich sind die Waren Kleidung und Schmuck, da es viele Markenhersteller gibt, die beides herstellen. Gleiches gilt für Handtaschen und Bekleidung sowie für Schuhe und Bekleidung.

Weitere Beispiele für ähnliche Waren und Dienstleistungen sind:

Zigaretten und Feuerzeuge (Zigarettenhersteller vertreiben auch sonstigen Raucherbedarf)

Bank- und Immobilienwesen (Banken bieten häufig auch Immobiliendienstleistungen an)

> Tiernahrung und Tierspielzeug (beide Produkte sind über die gleichen Vertriebswege, nämlich den Tierfachhandel zu erhalten)
>
> Computer und Drucker (es gibt viele Hersteller, die beides produzieren)

Im Rahmen der Markenrecherche ist ferner zu beachten, dass nicht nur deutsche Marken der Verwendung entgegenstehen können, sondern auch weitere Marken, die in Deutschland Schutz beanspruchen, aber nicht beim Deutschen Patent- und Markenamt eingetragen sind, z. B. EU-Marken und sog. IR-Marken, das sind internationale Marken. Eine Markenrecherche wird von Anwälten in Zusammenarbeit mit externen Dienstleistern durchgeführt (z. B. EuCor, Cedelex, CompuMark). Die Recherchedienstleister recherchieren in ihren Datenbanken nach ähnlichen Marken. Spezialisierte Anwälte werten die Rechercheergebnisse sodann rechtlich aus.

Checkliste: Besteht Verwechslungsgefahr?

- Kennzeichnungskraft des Zeichens des Anspruchsstellers (originäre Unterscheidungskraft, Bekanntheit)

- Produkt-/Branchennähe (bei Webseiten kommt es auf den Inhalt an)

- Zeichennähe (optisch, klanglich, begrifflich, Sinngehalt)

Die Ausnahme von der Regel

Nicht jede Nutzung fremder Marken ist verboten. Es gibt Ausnahmesituationen, in denen ein Werbetreibender darauf angewiesen ist, einen fremden Markennamen im Rahmen seiner Werbung zu nennen. Zulässig ist es z. B., wenn die fremde Marke zwingend genannt werden muss, um die eigenen Waren oder Dienstleistungen zu beschreiben.

Beispiel: Zulässige Werbung mit fremden Marken

Ein Unternehmen, das Autos repariert, darf mit den Markennamen der Modelle werben: „50 % auf alle Bremsbeläge des Modells Ford Focus".

Ein Hersteller von Fotozubehör darf schreiben: „Kompatibel mit Canon FX 300".

Geographische Herkunftsangaben

Mit geographischen Herkunftsangaben darf nur geworben werden, wenn die Ware auch aus dem entsprechenden geographischen Bereich stammt. Die Ursache liegt darin, dass geographische Bezeichnungen eine bestimmte Qualität des Produktes nahelegen können, z. B. Solinger Schneidwerkzeuge. Geographische Herkunftsangaben sind neben direkten Bezeichnungen eines Ortes auch Angaben, die eine bestimmte Herkunft nahelegen. Um solche mittelbaren Bezeichnungen handelt es sich beispielsweise bei einer Abbildung des Mainzer Rads, des sächsischen Landeswappens oder der Bundesfahne.

Beispiele: Verwendung geographischer Angaben

Spaghetti, auf deren Packung eine italienische Flagge abgebildet ist, müssen auch in Italien hergestellt worden sein.

Ein als „Dresdner Christstollen" angebotenes Produkt muss in oder um Dresden produziert worden sein.

Phantasiebezeichnungen

Eine Phantasiebezeichnung ist eine Angabe, die zwar formal auf einen bestimmten Ort hindeutet, die jedoch nicht ernsthaft als Herkunftsangabe eingeschätzt wird. Phantasiebezeichnungen dürfen von jedermann, also auch von den nicht am Ort ansässigen Anbietern der Ware oder Dienstleistung frei benutzt werden. Da Phantasiebezeichnungen keine geographischen Herkunftsangaben sind, können sie frei verwendet werden.

Beispiel: Phantasiebezeichnungen

Beispiele hierfür sind die Bezeichnung „Capri-Sonne" für nicht auf Capri hergestellte Orangensaftgetränke oder „Hollywood Duftschaumbad" für ein Produkt, das nicht aus Hollywood stammt.

Gattungsbegriffe

Gattungsbegriffe zeichnen sich dadurch aus, dass der geographische Begriff nicht mehr zur geographischen Abgrenzung, sondern zur Bezeichnung der Sache selbst verwendet wird oder als Angabe der Art, der Beschaffenheit, der Sorte oder sonstiger Eigenschaften. Gattungsbezeichnungen können ebenso wie Phantasiebezeichnungen frei benutzt werden.

Beispiel: Gattungsbegriffe

 So denkt kein Restaurantbesucher, das von ihm verzehrte „Wiener Schnitzel" sei ein Import aus Österreich. Die Bezeichnung „Wiener Schnitzel" weist den Gast lediglich auf eine bestimmte Zubereitungsart hin.

Domains

Häufig werden im Rahmen von Werbekampagnen neue Internetseiten unter bestimmten Domains aufgesetzt. Jeden, der sich mit solchen Projekten beschäftigt, bewegen im Wesentlichen zwei Fragen:

1 Wie stelle ich sicher, dass ich eine Domain erhalte, die ich ohne rechtliche Komplikationen verwenden kann?
2 Was kann ich unternehmen, wenn ich feststelle, dass die von mir gewünschte Domain bereits belegt ist?

Die Suche nach der rechtssicheren Domain

Die Anzahl der in Deutschland registrierten Domains (.de) beträgt mittlerweile über 12 Millionen. Es ist daher schwierig geworden, einen einprägsamen Domainnamen zu finden. Hat man als Unternehmer eine Idee, unter welcher Domain die geplante Webseite am Markt platziert werden soll, besteht die Herausforderung nun darin, bei der Benutzung der Domain keine Rechte Dritter zu verletzen. Zu den Rechten Dritter gehören zunächst alle Kennzeichenrechte, z. B. Markenrechte. Es ist also unbedingt erforderlich, eine umfangreiche Recherche durchführen zu lassen. Es muss geprüft werden, ob Marken eingetragen worden sind, mit denen der Domainname verwechselt werden könnte. Nur eine professionelle Recherche durch einen Dienstleister, z. B. EuCor, und die Auswertung durch einen Markenanwalt können das Risiko minimieren.

> Wird eine Domain benutzt, an der Dritte Rechte geltend machen können, besteht für den Domaininhaber die Gefahr, Ansprüchen auf Unterlassung, Auskunft und Schadensersatz (Lizenzgebühr oder sogar Gewinnherausgabe) ausgesetzt zu werden.

Firmenrecherche

Im Rahmen der Recherche nach möglichen Rechten Dritter sind auch sog. Firmenrechte gem. § 17 HGB zu beachten, also solche Bezeichnungen, die aktiv als Unternehmenskennzeichen, also Firma, verwendet werden. Bei Gesellschaften, die im Handelsregister eingetragen sind, hilft insoweit eine Handelsregisterrecherche (www.handelsregister.de) weiter. Bei anderen Gesellschaften, etwa Gesellschaften bürgerlichen Rechts, kann nur durch eine Benutzungsrecherche ermittelt werden, ob Firmenrechte bestehen. Im Rahmen einer Benutzungsrecherche wird ermittelt, ob eine Firma wirklich aktiv verwendet wird, z. B. auf Geschäftspapieren, in Verzeichnissen, im Internet.

Recherche in ausländischen Registern

Es ist häufig nötig, auch in Markenregistern anderer Staaten als Deutschland zu recherchieren. So vor allem dann, wenn sich die Webseite bestimmungsgemäß auch an Nutzer in diesen Staaten richtet.

Beispiel: Recherche auch im Ausland nötig

Eine Webseite eines Flensburger Unternehmens, das sich an Kunden in Deutschland und in Dänemark richtet, muss auch überprüfen lassen, ob der Domainname mit dänischen Kennzeichenrechten kollidiert.

Domainrecherche

Existieren identische oder ähnliche Domains z. B. einer anderen Top-Level-Domain wie .com, .org, .net etc., so ist zu prüfen, ob Rechte durch diese Benutzung erworben wurden. Diese Rechte können dann der eigenen Domain entgegenstehen, wenn die vorbestehenden Domains für Waren und Dienstleistungen der gleichen oder einer ähnlichen Branche verwendet werden.

Keine Verletzung von Namens- und Persönlichkeitsrechten

Auch Namensrechte sind zu beachten. Bei der Domainregistrierung gilt grundsätzlich das sog. Windhund-Prinzip (first come – first served; Wer zuerst kommt, mahlt zuerst). Die Verwendung von Namen bekannter Persönlichkeiten, von Städten und Regionen ist allerdings nicht möglich, da dadurch deren Namensrechte verletzt würden.

Beispiel: Verbotene Domains

 So verbot das Landgericht Dresden einer Person, die Domain kurt-biedenkopf.de zu verwenden. Auch untersagt wurde die Nutzung von braunschweig.de, heidelberg.de, segnitz.de durch Nichtberechtigte.

Titel von Filmen oder anderen Werkstücken

Vorsicht ist auch bei der Registrierung von Bezeichnungen geboten, die sich mit Titeln von Filmen, Fernsehsendungen, Musikstücken oder Software decken bzw. eine Ähnlichkeit hierzu aufweisen. Diese Werktitel können geschützt sein. Hier ist im Einzelfall durch professionelle Recherche prüfen zu lassen, ob eine Kollision vorliegt. Häufig sind Werktitel zusätzlich auch noch als Marke angemeldet.

Keine Irreführung

Hat man als Unternehmer durch einen Anwalt und einen professionellen Recherchedienstleister feststellen lassen, dass der Domainname, den man verwenden will, nicht mit Rechten Dritter kollidiert, so ist darauf zu achten, dass der Domainname die Nutzer nicht in die Irre führt. Zu vermeiden sind darüber hinaus Bezeichnungen, die beim Nutzer den Eindruck erwecken, hinter dem Domainnamen stünde eine Behörde oder offizielle Einrichtung. Der Aspekt der Irreführung ist immer in Bezug auf die konkrete Webseite und die konkret angebotenen Waren und Dienstleistungen zu beurteilen.

Beispiele: Irreführung

Vorspiegelung einer internationalen Tätigkeit
So verstößt es gegen das Irreführungsverbot des § 5 UWG, wenn der Domainname den Bestandteil „international" enthält, ohne dass das Unternehmen tatsächlich international tätig ist.

Vorspiegelung einer Behörde
So wäre es etwa irreführend, wenn ein Unternehmen eine Webseite unter der Domain www.justizministerium.de betriebe. Eine solche Nutzung könnte untersagt werden.

Domain belegt – was nun?

Unternehmen müssen immer wieder feststellen, dass Domainnamen bereits von Dritten registriert worden sind, an denen ihnen – etwa aufgrund von Marken – Rechte zustehen. In diesen Fällen stellt sich die Frage, wie die Domain „zurückerobert" werden kann. Nach deutschem Recht existiert zwar ein Anspruch gegen den Domaininhaber, die Nutzung der Domain zu unterlassen, falls darin eine Rechtsverletzung liegt. Der Inhaber eines Kennzeichenrechts, also z. B. einer Marke, hat allerdings keinen Anspruch auf Übertragung der Domain. Darauf kommt es aber den Unternehmen in der Regel an. Zur Lösung des Konflikts können die im Folgenden beschriebenen Wege beschritten werden.

Dispute-Antrag stellen

Für Top-Level-Domains aus Deutschland mit der Endung „.de" kann bei der Registrierungsstelle für Domains DENIC ein sog. Dispute-Antrag gestellt werden. Dieser Dispute-Antrag verhindert, dass der aktuelle Domaininhaber seine Domain weiter übertragen kann. Die Domain-Situation wird also eingefroren. Sodann kann der Unternehmer, der der Auffassung ist, die besseren Rechte zu haben, gegen den Domaininhaber auf Löschung der Domain klagen. Mit dem rechtskräftigen Urteil gibt die DENIC dann die Domain frei und aufgrund des Dispute-Antrags kann der Kläger im Löschungsverfahren dann als Domaininhaber nachrücken.

Schiedsverfahren für Domains

Handelt es sich bei der Domain, die ein Dritter für sich gesichert hat, um eine Domain mit der Endung .com, .info, .net oder .org, so kann ein besonderes Schiedsverfahren für Domains vor der Weltgesellschaft für Geistiges Eigentum (WIPO) durchgeführt werden. Dieses Schiedsverfahren kann auch bei den folgenden Top-Level-Domains angestrengt werden: .aero, .asia, .biz, .cat, .coop, .jobs, .mobi, .museum, .name, .pro, .travel sowie bei einigen cc-Level-Domains, darunter .es, .fr und .ch. Das Verfahren vor der WIPO ist deutlich schneller als ein Verfahren vor den Zivilgerichten und hat zur Folge, dass die Domain automatisch dem Kläger des Schiedsverfahrens zugesprochen wird, wenn sich der Beklagte überhaupt nicht meldet.

Auf einen Blick: Fremde Inhalte nutzen

- Geistige Schöpfungen unterliegen dem Urheberrecht. Niemand darf das Werk ohne Genehmigung nutzen.

- Texte müssen eine gewisse Originalität aufweisen, um schutzfähig zu sein. Reine Beschreibungen, Allerweltstexte, Anpreisungen oder Werbeslogans sind nicht schutzfähig.

- An Fotografien haben der Fotograf sowie die abgebildeten Personen Rechte. Wer fremde Fotos verwendet, braucht die Einwilligung aller dieser Rechteinhaber.

- Musik ist, unabhängig von Stil und Länge der Sequenzen urheberrechtlich geschützt, wenn sie eine gewisse Individualität hat. Rechteinhaber können der Musiker, der Komponist oder der Texter sein.

- Für alle Filme muss, bevor sie verwendet werden, die Einwilligung des Urhebers eingeholt werden.

- Zur Nutzung urheberrechtlich geschützter Inhalte muss ein Werbetreibender mit dem Rechteinhaber Nutzungsverträge abschließen, die v. a. den Nutzungszweck möglichst umfassend darstellen.

- Das Risiko, durch die Benutzung einer Domain Rechte Dritter zu verletzen, sollten Sie durch umfangreiche Recherche minimieren.

Wie Sie sich wehren können

Wer feststellt, dass sich ein Konkurrent wettbewerbswidrig verhält, muss nicht untätig bleiben. Das Gesetz sieht unterschiedliche Möglichkeiten vor, taktisch gegen Wettbewerbsverstöße vorzugehen. Aber auch derjenige, der befürchtet, wegen einer Werbemaßnahme angegriffen zu werden, hat Chancen, sich dagegen zu wehren.

Im folgenden Kapitel zeigen wir Ihnen,

- welche Möglichkeiten Sie haben, gegen unzulässige Werbung Ihrer Konkurrenten vorzugehen (ab S. 103),
- wie Sie sich als Werbender vor ungerechtfertigten Angriffen durch Abmahnungen oder einstweilige Verfügungen schützen können (ab S. 111).

Der Markt kontrolliert sich selbst

Wer gegen die Regeln des UWG verstößt, kann auf Unterlassung, Schadensersatz und Gewinnabschöpfung in Anspruch genommen werden. Es gibt keine Behörde, die Wettbewerbsverstöße verfolgt. Der deutsche Gesetzgeber hat sich für ein System der Kontrolle des Wettbewerbs durch den Markt selbst entschieden. Er geht also davon aus, dass sich Mitbewerber wehren werden, wenn sie eine Werbemaßnahme für unlauter halten.

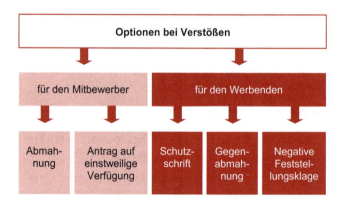

Vorgehen bei Verstößen

Die Ansprüche können von jedem Mitbewerber sowie von klagebefugten Einrichtungen geltend gemacht werden, etwa von der Industrie- und Handelskammer, der Handwerkskammer oder der Zentrale zur Bekämpfung des unlauteren Wettbewerbs. Es gibt Vereine, die sich der Bekämpfung des unlauteren Wettbewerbs verschrieben haben. Solche Vereine können allerdings nur gegen Wettbewerbsverstöße aus Branchen vorgehen, aus denen sie Mitglieder haben. Dies sollte man bei Zweifeln überprüfen und sich nachweisen lassen.

Gegen Wettbewerbsverstöße vorgehen

Abmahnung

Üblicherweise werden die Ansprüche zunächst im Rahmen einer Abmahnung geltend gemacht. Eine Abmahnung hat den Zweck, einen Prozess zu vermeiden. Gäbe es die Möglichkeit der Abmahnung nicht, würden die Gerichte mit jedem möglichen Wettbewerbsverstoß befasst, den ein Mitbewerber aufgreift. Für den unzulässig Werbenden würden ohne die vorgerichtliche Abmahnung deutlich höhere Kosten entstehen, da der vor Gericht Unterlegene die gesamten Kosten des Prozesses trägt. Auch wenn es immer wieder Einzelfälle gibt, in denen das Abmahnwesen missbraucht wird, ist es insgesamt ein kostensparendes und wirksames System, um wettbewerbsrechtliche Streitigkeiten vorgerichtlich beizulegen. Häufig finden die Parteien nach einer Abmahnung auch eine gemeinsame Lösung für die Zukunft und die Gerichte müssen gar nicht erst nicht bemüht werden.

So wird die Abmahnung formuliert

In einer Abmahnung wird zunächst der Wettbewerbsverstoß beschrieben, der dem Werbenden zur Last gelegt wird. Es ist nicht zwingend notwendig, dass eine konkrete Rechtsvorschrift zitiert wird. Aus der Abmahnung muss allerdings der konkrete Vorwurf des Abmahnenden erkennbar sein (z. B. „Sie rufen ohne Einwilligung Verbraucher an"). In der Abmahnung wird sodann eine Unterlassungserklärung binnen einer bestimmten Frist verlangt, die mit einer Vertragsstrafe bewehrt ist. Für den Fall der Nichtabgabe der Erklärung wird mit der Einleitung gerichtlicher Schritte gedroht.

> Falls ein Rechtsanwalt abmahnt, versichern Sie sich, dass dieser ordnungsgemäß bevollmächtigt wurde. Zwar ist das Beifügen einer Originalvollmacht nach überwiegender Ansicht der Gerichte keine Wirksamkeitsvoraussetzung für eine Abmahnung, der Abgemahnte sollte aber sicher gehen, dass der Anwalt mit einer Vollmacht handelt.

Beispiel: Abmahnung

Hamburg, den 2.9.2010

Sehr geehrte Damen und Herren,

hiermit zeigen wir an, dass wir die Innovator-Staubsauger AG anwaltlich vertreten. Eine Vollmacht liegt diesem Schreiben bei. Unsere Mandantin hat feststellen müssen, dass Sie in Ihrer Werbeanzeige in der BILD-Zeitung vom 1.9.2010 mit der Aussage werben:

„Deutschlands erster Staubsauger ohne Beutel"

Diese Werbeaussage ist unzutreffend, da unser eigenes Unternehmen bereits im Jahr 1985, und damit vor Ihnen, einen Staubsauger ohne Beutel auf den Markt gebracht hat. Wir

> haben Sie daher aufzufordern, eine strafbewehrte Unterlassungserklärung abzugeben, in deren Rahmen Sie versprechen, zukünftig die oben aufgeführte Werbeaussage nicht mehr zu treffen.
>
> Als Eingang für die Unterlassungserklärung haben wir uns den
>
> 10.9.2010
>
> notiert. Sollte die Erklärung nicht fristgerecht eingehen, werden wir unserer Mandantin empfehlen, gerichtliche Hilfe in Anspruch zu nehmen.
>
> Mit freundlichen Grüßen
>
> Schmidt, Rechtsanwalt

In der Regel ist die Abmahnung eines versierten Wettbewerbsrechtlers noch deutlich ausführlicher, da in ihr der konkrete Vorwurf auch rechtlich bewertet wird. Es ist üblich, dass dem Abmahnschreiben eine vorformulierte Unterlassungserklärung beigefügt ist.

> Der Angreifer sollte die Unterlassungserklärung so formulieren lassen, dass sie den Verstoß möglichst weiträumig umfasst. So kann der Wettbewerber eventuell auch bereits für künftige Maßnahmen eingeschränkt werden.

Nie ohne Vertragsstrafe

Eine Unterlassungserklärung ohne Vertragsstrafe ist wirkungslos, da für den Fall des Verstoßes gegen die Erklärung keine Konsequenzen für den Wettbewerbsverletzer drohen. Eine Abmahnung soll ein gerichtliches Verfahren ersparen. Die Unterlassungserklärung muss den Abmahnenden also so stellen wie er stünde, wenn die Angelegenheit vor Gericht geklärt worden wäre. Er muss sicher sein, dass der rechtswidrig Werbende die Werbung nicht wiederholen wird. Diesem Zweck dient die Vertragsstrafe in der Unterlassungserklärung.

Die Wirkungen der Unterlassungserklärung

Gibt der Werbetreibende die Unterlassungserklärung ab, ist die Gefahr einer Wiederholung beseitigt. In diesem Fall kann der Angreifer seine Ansprüche nicht mehr gerichtlich geltend machen, da mit Abgabe der strafbewehrten Unterlassungserklärung die Angelegenheit geklärt ist.

Beispiel: Typische Unterlassungserklärung

Eine typische Unterlassungserklärung sieht so aus:

„Die Schnell GmbH verpflichtet sich gegenüber der Soergel GmbH, es bei Meidung einer für jeden Fall der Zuwiderhandlung fällig werdenden Vertragsstrafe in Höhe von Euro 5.100,00 (Euro fünftausendeinhundert) zu unterlassen, mit der nachfolgend abgedruckten Anzeige zu werben: ..."

Wichtig für den Werbenden: Da eine vom Abmahnenden vorformulierte Erklärung regelmäßig auch zu dessen Gunsten formuliert ist, sollten Unternehmen solche Unterlassungserklärungen erst nach Rücksprache mit ihrem auf Wettbewerbsrecht spezialisierten Anwalt unterschreiben. Eine Unterlassungserklärung ist 30 Jahre lang wirksam und eine unbedacht im Umfang zu weit abgegebene Unterlassungserklärung kann zukünftige Werbemaßnahmen erheblich beschneiden, da bei Verstoß gegen die Erklärung hohe Vertragsstrafen drohen.

Das kostet eine Abmahnung

Wurde rechtmäßig durch einen Anwalt abgemahnt, hat der Abgemahnte die Rechtsanwaltskosten für die Abmahnung zu tragen. Dies ergibt sich aus folgender Überlegung: Da die Abmahnung einen Prozess und damit weitere Kosten verhindert, ist die Abmahnung letztlich im Interesse des Rechtsverletzers. Im Übrigen übernimmt der Abmahnende auch die Funktion, den unlauteren Wettbewerb zu bekämpfen. Es wäre also unbillig, ihn mit Rechtsanwaltskosten zu belasten.

Mahnt das Unternehmen selbst ab, z. B. durch die eigene Rechtsabteilung, werden keine Kosten erstattet. Im Folgenden werden ein paar Beispiele aufgeführt, um Ihnen ein ungefähres Bild zu vermitteln (Beträge sind Nettobeträge). Da es immer auf den konkreten Fall ankommt, kann der Gegenstandswert, der vom abmahnenden Rechtsanwalt geschätzt wird, stark von den angegebenen Summen abweichen. Aus dem Gegenstandswert folgt die Gebühr des Anwalts, die je nach Schwierigkeitsgrad nach einem Faktor 0,5 bis 2,5 berechnet wird. In der Regel beträgt der Faktor 1,5 oder 1,3.

Wettbewerbsverstoß	Gegenstandswert in Euro	1,5 anwaltliche Geschäftsgebühr in Euro
Unerlaubte Zusendung von Werbeemails	6.000	507
Irreführende Werbung in einem bundesweiten TV-Spot	150.000	2.377,50

Wettbewerbsverstoß	Gegenstandswert in Euro	1,5 anwaltliche Geschäftsgebühr in Euro
Unlautere Nachahmung einer Markenjeans	500.000	4.494
Irreführende Werbung in den Kleinanzeigen einer lokalen Tageszeitung	30.000	1.137

Einstweilige Verfügung

Nach oder statt einer Abmahnung kann der Angreifer eine einstweilige Verfügung vor dem zuständigen Landgericht beantragen. Wird eine Werbemaßnahme bundesweit durchgeführt, so kann bei jedem Landgericht in Deutschland ein Antrag auf Erlass einer einstweiligen Verfügung gestellt werden. Das gleiche gilt bei Werbemaßnahmen im Internet. Hintergrund: Der Rechtsverstoß wirkt sich in jeder Stadt aus, da die Internetseite deutschlandweit abgerufen werden kann und die bundesweit geschaltete Anzeige oder der Fernsehspot bundesweit betrachtet werden können.

> Spezialisierte Rechtsanwälte kennen die Entscheidungen der entsprechenden Gerichte. Sie nutzen es aus, wenn ein Gericht für eine bestimmte Rechtsprechung bekannt ist, indem sie den Antrag auf einstweilige Verfügung an dem für sie taktisch günstigsten Gericht stellen.

Der Sinn einer einstweiligen Verfügung

Im Rahmen dieses Eilverfahrens wird vorläufig geklärt, ob ein Wettbewerbsverstoß vorliegt. Es können in der Regel nur Unterlassungsansprüche in diesem schnellen Verfahren geltend gemacht werden, Schadensersatzansprüche bleiben dem späteren Hauptsacheverfahren vorbehalten. Eine einstweilige Verfügung wird erst wirksam, wenn sie durch einen Gerichtsvollzieher oder von Anwalt zu Anwalt zugestellt wird.

Die Besonderheit einer einstweiligen Verfügung liegt unter anderem darin, dass sie ohne mündliche Verhandlung erlassen werden kann. Dies führt dann dazu, dass der Werbetreibende von dem gerichtlichen Verbot überrascht wird und erst durch die Zustellung der einstweiligen Verfügung durch den Gerichtsvollzieher von dem Verfügungsantrag des Angreifers erfährt.

Auch ohne Abmahnung möglich

Der Angreifer hat auch die Option, ohne Abmahnung eine einstweilige Verfügung zu beantragen, um dann nach deren Erlass den Beschluss nicht zuzustellen, sondern mit der Gegenseite zu verhandeln, ohne die Existenz des Verbotstitels offenzulegen („Taschenverfügung"). Ist die Gegenseite nicht kooperativ, stellt man die einstweilige Verfügung zu und erzeugt damit in der Regel einen starken Überraschungseffekt. Dieses Vorgehen wird auch als „Pearl-Harbour-Methode" bezeichnet.

Der Ablauf des Verfahrens

Ablauf des Verfahrens der einstweiligen Verfügung

Vorbeugen und auf Angriffe anderer reagieren

Erhält ein Werbetreibender eine Abmahnung, sollte er den darin enthaltenen Vorwurf von einem auf Wettbewerbsrecht spezialisierten Anwalt auf Rechtmäßigkeit überprüfen lassen.

Die Schutzschrift zur Vorbeuge

Plant ein Unternehmen eine Werbekampagne, die sich im wettbewerbsrechtlichen Graubereich befindet oder bei der das Risiko besteht, dass ein Wettbewerber die Werbung angreift, besteht die Möglichkeit, vorbeugend bei Gericht eine sog. Schutzschrift zu hinterlegen.

Was eine Schutzschrift bewirken kann

Die Schutzschrift dient dazu, dass ein mit der Sache befasstes Gericht bei Eingang eines Antrags auf Erlass einer einstweiligen Verfügung sich nicht allein auf die Darstellung des Angreifers verlassen muss, sondern bereits im Vorfeld die Sichtweise des Angegriffenen erfährt. Wer also damit rechnet, dass seine Werbemaßnahme möglicherweise gerichtlich mit einem Antrag auf Erlass einer einstweiligen Verfügung angegriffen wird, kann so sicherstellen, dass das Gericht bereits im Vorfeld die wichtigsten Sachverhaltsdetails mitgeteilt bekommt, die dafür sprechen, dass die Werbemaßnahme rechtmäßig ist.

In einer Schutzschrift wird die rechtliche Seite der Werbemaßnahme ausführlich erläutert und dem Gericht dargelegt, dass diese Art der Werbung erlaubt ist. Ohne Einreichung einer Schutzschrift muss das werbetreibende Unternehmen damit rechnen, dass es von einer einstweiligen Verfügung überrascht wird. Eine einstweilige Verfügung kann nämlich aus Gründen der Dringlichkeit ohne mündliche Verhandlung erlassen werden. Das bedeutet, dass der Werbetreibende erst durch die Zustellung der einstweiligen Verfügung durch den Gerichtsvollzieher von dem gerichtlichen Verbot erfährt. Mit Zustellung ist die einstweilige Verfügung wirksam, woraus folgt, dass die Werbung umgehend eingestellt werden muss.

Beispiel: Fatale Folgen einer einstweiligen Verfügung

Ein Unternehmen führt eine groß angelegte Werbekampagne durch, in der Vergleiche zu Wettbewerbern gezogen werden. Sobald dem Unternehmen eine einstweilige Verfügung zugestellt wird, dürfen keine Werbespots mehr ausgestrahlt werden, um dem Risiko eines Ordnungsgeldes zu entgehen.

Ist bekannt, dass ein Wettbewerber gegen einen Fernsehspot vorgehen wird, ist zu empfehlen, eine Backup-Version ohne die problematischen Aussagen zu drehen und beim Fernsehsender zu hinterlegen, damit im Falle der Zustellung einer einstweiligen Verfügung der gebuchte Werbeplatz genutzt werden kann.

Selbst wenn die einstweilige Verfügung nach Widerspruch später aufgehoben wird, ist oft der eingetretene Imageschaden erheblich. Beispielsweise ist es schwierig, ein einmal aufgrund eines gerichtlichen Verbots gestopptes Gewinnspiel wieder neu aufzulegen. Da der eingetretene Schaden oft schwer in Euro beziffert werden kann, besteht die Gefahr, dass Schäden nicht mehr ausgeglichen werden können.

Wo und wann eine Schutzschrift eingereicht werden sollte

Eine Schutzschrift wird bei solchen Gerichten eingereicht, bei denen das werbetreibende Unternehmen den Eingang eines Antrags auf Erlass einer einstweiligen Verfügung vermutet. Auf Wettbewerbsrecht spezialisierte Kanzleien bieten teilweise den Service an, die Schutzschrift bei allen 116 deutschen Landgerichten zu hinterlegen, wenn die Werbemaßnahme bundesweit angegriffen werden könnte.

Wird eine Schutzschrift eingereicht und geht dann ein Antrag auf Erlass einer einstweiligen Verfügung ein, der keinen Erfolg hat, erhält das Unternehmen die Kosten für die Einreichung der Schutzschrift nach dem Rechtsanwaltsvergütungsgesetz vom Gegner (Angreifer) zurückerstattet.

Die Einreichung einer Schutzschrift ist nicht immer sinnvoll. Sie ergibt nur dann einen Sinn, wenn verhindert werden soll, dass eine einstweilige Verfügung ohne mündliche Verhandlung ergeht. Ein Erlass einstweiliger Verfügungen ohne mündliche Verhandlung kommt oft vor. Dagegen ist es in der Praxis relativ selten, dass das Gericht eine einstweilige Verfügung trotz Vorliegens einer Schutzschrift ohne mündliche Verhandlung erlässt.

Gegenabmahnung

Eine unberechtigte Abmahnung löst beim Abgemahnten einen Schadensersatzanspruch aus, wenn der Angreifer die Rechtswidrigkeit der Abmahnung kannte. Der Verteidiger kann dann zum Gegenangriff übergehen und eine Gegenabmahnung aussprechen. Im Rahmen dieser Gegenabmahnung fordert er den Angreifer auf, den erhobenen Vorwurf zurückzunehmen und nicht weiter zu behaupten. Im Rahmen einer Gegenabmahnung können auch die Kosten für die Einschaltung eines Rechtsanwaltes zur Rechtsverteidigung geltend gemacht werden. In der Praxis führen jedoch Gegenabmahnungen in der Regel zu nichts, es sei denn, es folgt eine negative Feststellungsklage (dazu sogleich).

Negative Feststellungsklage

Wem ein wettbewerbswidriges Verhalten oder ein Verstoß gegen ein Schutzrecht vorgeworfen wird, der hat die Möglichkeit, eine negative Feststellungsklage zu erheben, wenn er der Auffassung ist, dass die Vorwürfe unbegründet sind. Schließlich kann es sein, dass der Angreifer nach der Abmahnung keine weiteren gerichtlichen Schritte folgen lässt, aber der Verstoß im Raum steht. Dann muss der Verteidiger die Option haben, die Rechtmäßigkeit seines Handelns gerichtlich feststellen zu lassen.

Keine Angriffsfläche bieten

Durch die europarechtlichen Regelungen ist im Wettbewerbsrecht das Verbraucherschutzniveau angehoben worden. Weil Verhaltensweisen, die auf der Schwarzen Liste stehen, unumstößlich und ohne Ausnahme Wettbewerbsverletzungen sind, ist eine Verteidigung gegen einmal von Konkurrenten angegriffene Verhaltensweisen schwierig. Statt sich in die

Defensive drängen zu lassen, sollten Unternehmen ihre mit Kunden zusammenhängenden Geschäftsabläufe und ihre Werbemaßnahmen von Wettbewerbsrechts- und Markenrechtsexperten überprüfen lassen, um sicher zu sein, dass die neuen Vorschriften eingehalten werden.

Auf einen Blick: Wie Sie sich wehren können

- Der Staat kontrolliert Wettbewerbsverstöße nicht. Er setzt darauf, dass sich die Mitbewerber gegenseitig kontrollieren.

- Wer feststellt, dass sich ein anderer wettbewerbswidrig verhält, kann eine Abmahnung formulieren. Sie fordert den Konkurrenten dazu auf, sich zur Unterlassung des wettbewerbswidrigen Verhaltens zu verpflichten.

- Nach oder statt einer Abmahnung kann mit einem Antrag auf einstweilige Verfügung die Hilfe von Gerichten in einem Eilverfahren gesucht werden.

- Mit einer Schutzschrift kann sich ein Werbetreibender davor schützen, dass in einem Eilverfahren nur die Sichtweise des Klagenden vom Gericht berücksichtigt wird.

- Mit einer Gegenabmahnung und mit einer sog. negativen Feststellungsklage kann der Angegriffene auf eine Abmahnung reagieren.

Anhang: Die Schwarze Liste im Wortlaut

Unzulässige geschäftliche Handlungen im Sinne des § 3 Abs. 3 sind:

1 die unwahre Angabe eines Unternehmers, zu den Unterzeichnern eines Verhaltenskodexes zu gehören;

2 die Verwendung von Gütezeichen, Qualitätskennzeichen oder Ähnlichem ohne die erforderliche Genehmigung;

3 die unwahre Angabe, ein Verhaltenskodex sei von einer öffentlichen oder anderen Stelle gebilligt;

4 die unwahre Angabe, ein Unternehmer, eine von ihm vorgenommene geschäftliche Handlung oder eine Ware oder Dienstleistung sei von einer öffentlichen oder privaten Stelle bestätigt, gebilligt oder genehmigt worden, oder die unwahre Angabe, den Bedingungen für die Bestätigung, Billigung oder Genehmigung werde entsprochen;

5 Waren- oder Dienstleistungsangebote im Sinne des § 5a Abs. 3 zu einem bestimmten Preis, wenn der Unternehmer nicht darüber aufklärt, dass er hinreichende Gründe für die Annahme hat, er werde nicht in der Lage sein, diese oder gleichartige Waren oder Dienstleistungen für einen angemessenen Zeitraum in angemessener Menge zum genannten Preis bereitzustellen oder bereitstellen zu lassen (Lockangebote). Ist die Bevorratung kürzer als

zwei Tage, obliegt es dem Unternehmer, die Angemessenheit nachzuweisen;

6. Waren- oder Dienstleistungsangebote im Sinne des § 5a Abs. 3 zu einem bestimmten Preis, wenn der Unternehmer sodann in der Absicht, stattdessen eine andere Ware oder Dienstleistung abzusetzen, eine fehlerhafte Ausführung der Ware oder Dienstleistung vorführt oder sich weigert zu zeigen, was er beworben hat, oder sich weigert, Bestellungen dafür anzunehmen oder die beworbene Leistung innerhalb einer vertretbaren Zeit zu erbringen;

7. die unwahre Angabe, bestimmte Waren oder Dienstleistungen seien allgemein oder zu bestimmten Bedingungen nur für einen sehr begrenzten Zeitraum verfügbar, um den Verbraucher zu einer sofortigen geschäftlichen Entscheidung zu veranlassen, ohne dass dieser Zeit und Gelegenheit hat, sich auf Grund von Informationen zu entscheiden;

8. Kundendienstleistungen in einer anderen Sprache als derjenigen, in der die Verhandlungen vor dem Abschluss des Geschäfts geführt worden sind, wenn die ursprünglich verwendete Sprache nicht Amtssprache des Mitgliedstaats ist, in dem der Unternehmer niedergelassen ist; dies gilt nicht, soweit Verbraucher vor dem Abschluss des Geschäfts darüber aufgeklärt werden, dass diese Leistungen in einer anderen als der ursprünglich verwendeten Sprache erbracht werden;

9 die unwahre Angabe oder das Erwecken des unzutreffenden Eindrucks, eine Ware oder Dienstleistung sei verkehrsfähig;

10 die unwahre Angabe oder das Erwecken des unzutreffenden Eindrucks, gesetzlich bestehende Rechte stellten eine Besonderheit des Angebots dar;

11 der vom Unternehmer finanzierte Einsatz redaktioneller Inhalte zu Zwecken der Verkaufsförderung, ohne dass sich dieser Zusammenhang aus dem Inhalt oder aus der Art der optischen oder akustischen Darstellung eindeutig ergibt (als Information getarnte Werbung);

12 unwahre Angaben über Art und Ausmaß einer Gefahr für die persönliche Sicherheit des Verbrauchers oder seiner Familie für den Fall, dass er die angebotene Ware nicht erwirbt oder die angebotene Dienstleistung nicht in Anspruch nimmt;

13 Werbung für eine Ware oder Dienstleistung, die der Ware oder Dienstleistung eines Mitbewerbers ähnlich ist, wenn dies in der Absicht geschieht, über die betriebliche Herkunft der beworbenen Ware oder Dienstleistung zu täuschen;

14 die Einführung, der Betrieb oder die Förderung eines Systems zur Verkaufsförderung, das den Eindruck vermittelt, allein oder hauptsächlich durch die Einführung weiterer Teilnehmer in das System könne eine Vergütung erlangt werden (Schneeball- oder Pyramidensystem);

15 die unwahre Angabe, der Unternehmer werde demnächst sein Geschäft aufgeben oder seine Geschäftsräume verlegen;

16 die Angabe, durch eine bestimmte Ware oder Dienstleistung ließen sich die Gewinnchancen bei einem Glücksspiel erhöhen;

17 die unwahre Angabe oder das Erwecken des unzutreffenden Eindrucks, der Verbraucher habe bereits einen Preis gewonnen oder werde ihn gewinnen oder werde durch eine bestimmte Handlung einen Preis gewinnen oder einen sonstigen Vorteil erlangen, wenn es einen solchen Preis oder Vorteil tatsächlich nicht gibt, oder wenn jedenfalls die Möglichkeit, einen Preis oder sonstigen Vorteil zu erlangen, von der Zahlung eines Geldbetrags oder der Übernahme von Kosten abhängig gemacht wird;

18 die unwahre Angabe, eine Ware oder Dienstleistung könne Krankheiten, Funktionsstörungen oder Missbildungen heilen;

19 eine unwahre Angabe über die Marktbedingungen oder Bezugsquellen, um den Verbraucher dazu zu bewegen, eine Ware oder Dienstleistung zu weniger günstigen Bedingungen als den allgemeinen Marktbedingungen abzunehmen oder in Anspruch zu nehmen;

20 das Angebot eines Wettbewerbs oder Preisausschreibens, wenn weder die in Aussicht gestellten Preise noch ein angemessenes Äquivalent vergeben werden;

21 das Angebot einer Ware oder Dienstleistung als „gratis", „umsonst", „kostenfrei" oder dergleichen, wenn hierfür gleichwohl Kosten zu tragen sind; dies gilt nicht für Kosten, die im Zusammenhang mit dem Eingehen auf das Waren- oder Dienstleistungsangebot oder für die Abholung oder Lieferung der Ware oder die Inanspruchnahme der Dienstleistung unvermeidbar sind;

22 die Übermittlung von Werbematerial unter Beifügung einer Zahlungsaufforderung, wenn damit der unzutreffende Eindruck vermittelt wird, die beworbene Ware oder Dienstleistung sei bereits bestellt;

23 die unwahre Angabe oder das Erwecken des unzutreffenden Eindrucks, der Unternehmer sei Verbraucher oder nicht für Zwecke seines Geschäfts, Handels, Gewerbes oder Berufs tätig;

24 die unwahre Angabe oder das Erwecken des unzutreffenden Eindrucks, es sei im Zusammenhang mit Waren oder Dienstleistungen in einem anderen Mitgliedstaat der Europäischen Union als dem des Warenverkaufs oder der Dienstleistung ein Kundendienst verfügbar;

25 das Erwecken des Eindrucks, der Verbraucher könne bestimmte Räumlichkeiten nicht ohne vorherigen Vertragsabschluss verlassen;

26 bei persönlichem Aufsuchen in der Wohnung die Nichtbeachtung einer Aufforderung des Besuchten, diese zu verlassen oder nicht zu ihr zurückzukehren, es sein denn, der Besuch ist zur rechtmäßigen Durchsetzung einer vertraglichen Verpflichtung gerechtfertigt;

27 Maßnahmen, durch die der Verbraucher von der Durchsetzung seiner vertraglichen Rechte aus einem Versicherungsverhältnis dadurch abgehalten werden soll, dass von ihm bei der Geltendmachung seines Anspruchs die Vorlage von Unterlagen verlangt wird, die zum Nachweis dieses Anspruchs nicht erforderlich sind, oder dass Schreiben zur Geltendmachung eines solchen Anspruchs systematisch nicht beantwortet werden;

28 die in eine Werbung einbezogene unmittelbare Aufforderung an Kinder, selbst die beworbene Ware zu erwerben oder die beworbene Dienstleistung in Anspruch zu nehmen oder ihre Eltern oder andere Erwachsene dazu zu veranlassen;

29 die Aufforderung zur Bezahlung nicht bestellter Waren oder Dienstleistungen oder eine Aufforderung zur Rücksendung oder Aufbewahrung nicht bestellter Sachen, sofern es sich nicht um eine nach den Vorschriften über Vertragsabschlüsse im Fernabsatz zulässige Ersatzlieferung handelt, und

30 die ausdrückliche Angabe, dass der Arbeitsplatz oder Lebensunterhalt des Unternehmers gefährdet sei, wenn der Verbraucher die Ware oder Dienstleistung nicht abnehme.

Stichwortverzeichnis

Abmahnung 103
Abmahnkosten 107
Allgemeine Geschäftsbedingungen 44
Angaben, unklare
- bei Gewinnspielen 12
- bei Preisen, Zugaben oder Geschenken 11
Aufforderung zur Bezahlung 68

Bagatellschwelle 44
Bait-and-switch-Technik 54
Begrenzung, zeitliche 54
Behinderung von Konkurrenten 18
Belästigungen, unzumutbare 29
Bezugsquellen 62
Billigung, offizielle 52
Boykott 19

Dispute-Antrag 98
Domainrecherche 96
Domains, rechtssichere 94
Druck 8

Einstweilige Verfügung 108
Einwilligung
- der abgebildeten Personen 80
- der sonstigen Marktteilnehmer 35
- des Verbrauchers 29, 34, 37
- E-Mail-Werbung ohne 39

Fernkommunikationsmittel 40
Feststellungsklage, negative 114
Filme 87
Filmtitel 97
Firmenrechte 95
Firmenrecherche 95
Fotograf 78

Gattungsbegriffe 93
Gefahr für Arbeitsplatz 68
Gefahren, Dramatisierung von 58
Gegenabmahnung 113
Gewinnchancen 61
Gewinnspiele 12
Guerilla-Marketing 10
Gütezeichen 51

Heilungswirkung 62
Herabsetzung und Verunglimpfung von Wettbewerbern 15
Herkunftsangaben, geographische 92

Impressum 21
Irreführende Werbung 22

Jugendliche 9

Kinder 9, 30, 67
Koppelung von Gewinnspiel an Kauf 13
„kostenfrei" 63
Kundendienst 55, 65

Literatur 75
Lockangebote 53

Marken 45, 89
Markenrecherche 89
Marktbedingungen 62
Mindestangaben bei Gewinnspielen 13
Mobile Marketing 37
Multi-Level-Marketing 60
Musik 86

Newsletter 37
Nichtverlassen der Wohnung 66

Stichwortverzeichnis

Nutzungserlaubnis 79
Nutzungsverträge 88

Opt-in-Verfahren 35, 37

Pearl-Harbour-Methode 109
Personen, abgebildete
- lebende 80
- verstorbene 84

Phantasiebezeichnungen 93
Preisausschreiben 61
Preise, unklare 11, 20
Preiskampfmethoden 18
Produktnachahmungen 16, 59
Prominente 81
Pyramidensystem 59

Rabatte 11
Rechnungen 64
Rechteeinräumung 88

Scheingewinne 63
Scheinräumungsverkauf 60
Schiedsverfahren für Domains 99
Schleichwerbung 10
Schneeballsystem 59
Schutzdauer im Urheberrecht 72
Schutzschrift 111
Schwarze Liste 47 ff.
- Aggressive Geschäftspraktiken 66
- Irreführende Geschäftspraktiken 50

Selbstverständlichkeiten 57
Sigel 51
Slogans 74
Standards, offizielle 52

Taschenverfügung 109
Telefonwerbung 33
Testergebnisse 27
Texte, wissenschaftliche 78
Trennung von Inhalten und Werbung 10, 57

Unlautere Handlungen gegenüber Verbrauchern 6
Unterlassungserklärung 106
Unternehmereigenschaft 64
Urheberrechte 72

Veränderung von Texten 73
Verfügung, einstweilige 108
Vergleichende Werbung 24
- zulässige 25
Verhaltenskodizes 50
Verkehrsfähigkeit 56
Verlassen von Räumlichkeiten 66
Verpackungsverordnung 21
Verschleiern von Werbemaßnahmen 10
Versicherungsfall 66
Verstöße 102
Vertragsstrafe 105
Verunglimpfung 15
Verwechslungsgefahr 89
Verwendung fremder Marken 45, 89
Videos 87

Webseiten 77
Werbeslogans 74
Werbetexte 73

Zeitungs- und Zeitschriftenartikel 76
Zitate 75
Zugaben 11

Bibliografische Information der Deutschen Nationalbibliothek
Die Deutsche Nationalbibliothek verzeichnet diese Publikation in der Deutschen Nationalbibliografie; detaillierte bibliografische Daten sind im Internet über http://dnb.ddb.de abrufbar.

ISBN 978-3-448-10121-8
Bestell-Nr. 00977-0001

© 2009, Rudolf Haufe Verlag GmbH & Co. KG, Niederlassung Planegg b. München
Postanschrift: Postfach, 82142 Planegg
Hausanschrift: Fraunhoferstraße 5, 82152 Planegg
Fon (0 89) 8 95 17-0, Fax (0 89) 8 95 17-2 50
E-Mail: online@haufe.de
Internet: www.haufe.de
Redaktion: Jürgen Fischer

Alle Rechte, auch die des auszugsweisen Nachdrucks, der fotomechanischen Wiedergabe (einschließlich Mikrokopie) sowie der Auswertung durch Datenbanken oder ähnliche Einrichtungen vorbehalten.

Konzeption und Realisation: Sylvia Rein, 81371 München
Lektorat: Nicole Jähnichen, 81247 München, und Sylvia Rein, 81371 München
Umschlaggestaltung: Kienle gestaltet, 70178 Stuttgart
Umschlagentwurf: Agentur Buttgereit & Heidenreich, 45721 Haltern am See
Druck: freiburger graphische betriebe, 79108 Freiburg

Der Autor

Dr. Christian Rauda

ist Fachanwalt für gewerblichen Rechtsschutz und Partner der Medienrechtskanzlei GRAEF Rechtsanwälte (Hamburg / Berlin). Nach seiner Promotion im Urheber- und Wettbewerbsrecht war er in Anwaltskanzleien in Frankfurt am Main, Hamburg, Genf, New York City und Chicago tätig. Er ist Justiziar des Deutschen Internet Verbandes, Lehrbeauftragter der Johannes Gutenberg-Universität Mainz, Dozent an der Hamburg Media School und der Bucerius Law School sowie Autor zahlreicher Bücher und Fachartikel.

E-Mail: rauda@graef.eu
Internet: www.graef.eu

Der Autor dankt cand.iur. Philipp Hofmann für seine wertvollen Anmerkungen.

Einfach. Klar. Direkt.

Zeitliche und finanzielle Engpässe, Konflikte im Team oder Krisen mit dem Auftraggeber? Lesen Sie hier, wie Sie auch in scheinbar aussichtslosen Situationen Ihr Projekt wieder auf Kurs bringen und trotz allem erfolgreich abschließen. Von Machern für Macher: das gesamte Handwerkszeug zur Krisenintervention und Projektrettung.
▶ Mit kostenlosen Tools zum Download.

€ 19,80 [D]
ca. 180 Seiten
ISBN 978-3-448-09877
Bestell-Nr. E00254

Jetzt bestellen! 0180 - 50 50 440*
oder in Ihrer Buchhandlung

*0,14 €/Min. aus dem deutschen Festnetz, max. 0,42 €/Min. mobil. Ein Service von dtms.

www.haufe.de/bestellung

Erfolgsfaktor Vertrauen

Ob zwischen Unternehmen und Kunden oder Chefs und Mitarbeitern, auch im beruflichen Alltag spielt Vertrauen eine zentrale Rolle. Hier erfahren Sie, wie Sie Vertrauen aufbauen, Misstrauen begegnen und verlorenes Vertrauen zurück gewinnen. Mit zahlreichen Beispielen und Handlungsempfehlungen aus dem Businessalltag.

€ 19,80
ca. 240 Seiten
978-3-448-09591-3
Bestell-Nr. E00128

Jetzt bestellen! 0180 - 50 50 440*
oder in Ihrer Buchhandlung

*0,14 €/Min. aus dem deutschen Festnetz, max. 0,42 €/Min. mobil. Ein Service von dtms.

www.haufe.de/bestellung

Haufe

TaschenGuides – Qualität entscheidet

Bereits erschienen:

■ Der Betrieb in Zahlen
- 400 € Mini-Jobs
- Balanced Scorecard
- Betriebswirtschaftliche Formeln
- Bilanzen
- Buchführung
- Businessplan
- BWL Grundwissen
- BWL kompakt – die 100 wichtigsten Fakten
- Controllinginstrumente
- Deckungsbeitragsrechnung
- Einnahmen-Überschussrechnung
- Finanz- und Liquiditätsplanung
- Die GmbH
- IFRS
- Kaufmännisches Rechnen
- Kennzahlen
- Kontieren und buchen
- Kostenrechnung
- Lexikon Rechnungswesen
- Mathematische Formeln
- VWL Grundwissen

■ Mitarbeiter führen
- Besprechungen
- Checkbuch für Führungskräfte
- Führungstechniken
- Die häufigsten Managementfehler
- Management
- Managementbegriffe
- Mitarbeitergespräche
- Moderation
- Motivation
- Projektmanagement
- Spiele für Workshops und Seminare
- Teams führen
- Workshops
- Zielvereinbarungen und Jahresgespräche

■ Karriere
- Assessment Center
- Existenzgründung
- Gründungszuschuss
- Jobsuche und Bewerbung
- Vorstellungsgespräche

■ Geld und Specials
- Sichere Altersvorsorge
- Energie sparen
- Energieausweis
- Geldanlage von A-Z
- IGeL – Medizinische Zusatzleistungen
- Immobilien erwerben
- Immobilienfinanzierung
- Die neue Rechtschreibung
- Eher in Rente
- Web 2.0
- Zitate für Beruf und Karriere
- Zitate für besondere Anlässe

■ Persönliche Fähigkeiten
- Allgemeinwissen Schnelltest
- Ihre Ausstrahlung
- Business-Knigge – die 100 wichtigsten Benimmregeln
- Mit Druck richtig umgehen
- Emotionale Intelligenz
- Entscheidungen treffen
- Gedächtnistraining
- Gelassenheit lernen
- Glück!
- IQ - Tests
- Knigge für Beruf und Karriere
- Knigge fürs Ausland
- Kreativitätstechniken
- Manipulationstechniken
- Mathematische Rätsel
- Mind Mapping
- NLP
- Peinliche Situationen meistern
- Psychologie für den Beruf
- Schneller lesen
- Selbstmanagement
- Sich durchsetzen
- Soft Skills
- Stress ade
- Verhandeln
- Zeitmanagement